RELAÇÕES INTERNACIONAIS
da ÁSIA e da ÁFRICA

O selo DIALÓGICA da Editora InterSaberes faz referência às publicações que privilegiam uma linguagem na qual o autor dialoga com o leitor por meio de recursos textuais e visuais, o que torna o conteúdo muito mais dinâmico. São livros que criam um ambiente de interação com o leitor – seu universo cultural, social e de elaboração de conhecimentos –, possibilitando um real processo de interlocução para que a comunicação se efetive.

RELAÇÕES INTERNACIONAIS da ÁSIA e da ÁFRICA

Luiz Dario Teixeira Ribeiro
André Luiz Reis da Silva

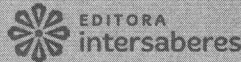

Rua Clara Vendramin, 58 . Mossunguê
CEP 81200-170 . Curitiba . PR . Brasil
Fone: (41) 2106-4170
www.intersaberes.com
editora@editoraintersaberes.com.br

Conselho editorial
Dr. Ivo José Both (presidente)
Dr.ª Elena Godoy
Dr. Neri dos Santos
Dr. Ulf Gregor Baranow
Editora-chefe
Lindsay Azambuja
Supervisora editorial
Ariadne Nunes Wenger

Analista editorial
Ariel Martins
Capa
Design: Bruno Palma e Silva
Imagens: Fotolia
Projeto gráfico
Bruno de Oliveira
Iconografia
Vanessa Plugiti Pereira

Dados Internacionais de Catalogação na Publicação (CIP)
(Câmara Brasileira do Livro, SP, Brasil)

Ribeiro, Luiz Dario Teixeira
  Relações internacionais da Ásia e da África/Luiz Dario Teixeira Ribeiro, André Luiz Reis da Silva.
Curitiba: InterSaberes, 2015.

  Bibliografia.
  ISBN 978-85-443-0316-0

  1. África – Relações exteriores 2. Ásia – Relações exteriores 3. Relações internacionais I. Silva, André Luiz Reis da. II. Título.

15-09829   CDD-327

Índice para catálogo sistemático:
1. Relações internacionais 327

1ª edição, 2015.

Foi feito o depósito legal.

Informamos que é de inteira responsabilidade dos autores a emissão de conceitos.

Nenhuma parte desta publicação poderá ser reproduzida por qualquer meio ou forma sem a prévia autorização da Editora InterSaberes.

A violação dos direitos autorais é crime estabelecido na Lei n. 9.610/1998 e punido pelo art. 184 do Código Penal.

SUMÁRIO

Agradecimentos – ix

Apresentação – xi

Como aproveitar ao máximo este livro – xiii

Introdução – xvii

1 A partilha imperialista da África e da Ásia: formas de dominação e de resistência – 27

    1.1 Os agentes da penetração, da partilha e da conquista da África – 29

    1.2 A Conferência de Berlim e a partilha da África – 31

    1.3 Os diferentes sistemas coloniais: conquista, dominação, exploração e modernização – 34

    1.4 A dominação ocidental na China – 48

    1.5 A dominação ocidental na Índia e no Sudeste Asiático – 59

2 Introdução à descolonização da Ásia - 67

    2.1 As bases e os antecedentes do processo de descolonização - 69

    2.2 As causas da descolonização - 72

    2.3 Os primeiros processos de independência - 81

    2.4 A descolonização da Índia pelo Império Britânico - 85

    2.5 A independência da Indonésia e a queda do Império Francês na Indochina - 89

    2.6 A Revolução Chinesa - 97

    2.7 A Conferência de Bandung e a luta pela emancipação - 106

3 Introdução à descolonização da África - 113

    3.1 Negritude, pan-africanismo e descolonização - 115

    3.2 O processo de descolonização africana - 119

    3.3 A descolonização do Império Francês na África Subsaariana - 122

    3.4 A descolonização da África britânica - 127

    3.5 A descolonização dos impérios secundários - 137

    3.6 Considerações finais sobre a descolonização africana - 142

4 A Ásia no sistema mundial: a longa marcha na construção de uma ordem multipolar - 149

    4.1 A Ásia como novo epicentro e o entendimento asiático no mundo pós-Guerra Fria - 152

    4.2 Japão: do Extremo Oriente à Ásia-Pacífico - 155

- 4.3 China: a reconstituição do mundo sinocêntrico e sua política externa – 161
- 4.4 A Península Coreana como "epicentro do epicentro" – 168
- 4.5 Índia: autonomia e cooperação Sul-Sul – 173
- 4.6 A Ásia na construção de uma ordem multipolar – 179

5 Os desafios da África contemporânea (1960-2015) – 187
- 5.1 A África independente e a situação neocolonial: primeiras dificuldades – 190
- 5.2 O imperialismo tardio e a descolonização da África portuguesa – 197
- 5.3 A Guerra Fria e a crise econômica na África – 201
- 5.4 A África no pós-Guerra Fria: marginalização e conflitos microcentrados – 206
- 5.5 O fim do *apartheid* e a nova África do Sul: o reencontro com o continente – 210
- 5.6 A nova diplomacia e o "renascimento" africano na busca da autonomia – 215
- 5.7 A Primavera Árabe no continente africano – 218
- 5.8 Considerações finais: entre o "renascimento" e a nova disputa pela África – 221

Para concluir... – 229

Referências – 235

Respostas – 245

Sobre os autores – 251

AGRADECIMENTOS

Alguns agradecimentos são necessários. Em primeiro lugar, à professora Vanessa de Souza Fontana, pelo convite e pela paciência com os autores. Aos estudantes de mestrado da Universidade Federal do Rio Grande do Sul (UFRGS) Alexandre Piffero Spohr (Programa de Pós-Graduação em Ciência Política), Isadora Loreto da Silveira (Programa de Pós-Graduação em Estudos Estratégicos Internacionais) e Diogo Ives de Quadros (Programa de Pós-Graduação em Ciência Política), que colaboraram com a revisão do texto, a complementação e a revisão bibliográfica. Aos colegas e alunos da UFRGS, que ofereceram o clima propício para a reflexão e a produção sobre a temática.
Luiz Dario Teixeira Ribeiro e André Luiz Reis da Silva

Considero uma honra escrever este livro em conjunto com o professor de História da Ásia e da África Luiz Dario Teixeira Ribeiro, que ensina com rigor acadêmico e profundo senso crítico, sem perder o engajamento social.
André Luiz Reis da Silva

APRESENTAÇÃO

A pesar do interesse crescente pela África e pela Ásia no Brasil, podemos afirmar que essa é uma área pouco explorada pelos historiadores e pelos estudiosos de relações internacionais. Entretanto, na última década, em virtude do crescimento dos países emergentes – ou grandes países periféricos –, do desenvolvimento dos Brics[I] e da cooperação Sul-Sul, essa temática tem sido mais estudada. Contudo, ainda são raros os trabalhos que buscam articular uma explicação ampla e sistemática sobre as relações internacionais desses dois continentes. Por isso, com este livro, visamos preencher uma lacuna para a formação e a reflexão em relações internacionais, que é a inserção da Ásia e da África no sistema internacional.

Este livro tem como público inicial os alunos de cursos de Relações Internacionais e de outros cursos da área de ciências sociais, que carecem de obras que sirvam como roteiros de estudo sobre o assunto. Destina-se também ao público em geral interessado em ampliar seus conhecimentos sobre os temas aqui abordados.

I. *Grupo que reúne Brasil, Rússia, Índia, China e África do Sul.*

Mais do que elencar acontecimentos históricos, a obra apresenta um argumento geral e uma proposta interpretativa, que visa contribuir, de forma original, para a crescente produção na área.

O que buscamos, com esta obra, é exatamente compreender as relações internacionais da Ásia e da África sob um ponto de vista alternativo, rompendo com o eurocentrismo e procurando estabelecer como fio condutor explicativo a formação de um sistema mundial, a partir das Grandes Navegações do século XV, que provocou o desenvolvimento do capitalismo em diferentes graus de profundidade, articulado com as formações sociais preexistentes.

Este livro é fruto de anos de pesquisa e ensino sobre a Ásia e a África contemporâneas. Ele constitui uma síntese de materiais de aulas, reflexões e debates intensamente realizados com alunos e colegas. Além disso, beneficia-se de artigos científicos produzidos ao longo de décadas de ensino e pesquisa, os quais estão indicados na lista final de referências. A tese de doutorado do professor Luiz Dario Teixeira Ribeiro, defendida no Programa de Pós-Graduação em História da Universidade Federal do Rio Grande do Sul (UFRGS), foi utilizada como base para os três primeiros capítulos desta obra. Os capítulos seguintes estão fundamentados nas pesquisas desenvolvidas pelo professor de História Afro-Asiática e de Relações Internacionais André Luiz Reis da Silva e têm como eixo central levar o leitor a compreender as possibilidades de autonomia dos países em desenvolvimento no sistema internacional contemporâneo.

Desejamos a você uma boa leitura!

Como aproveitar ao máximo este livro

Este livro traz alguns recursos que visam enriquecer seu aprendizado, facilitar a compreensão dos conteúdos e tornar a leitura mais dinâmica. São ferramentas projetadas de acordo com a natureza dos temas que vamos examinar. Veja a seguir como esses recursos se encontram distribuídos no decorrer desta obra.

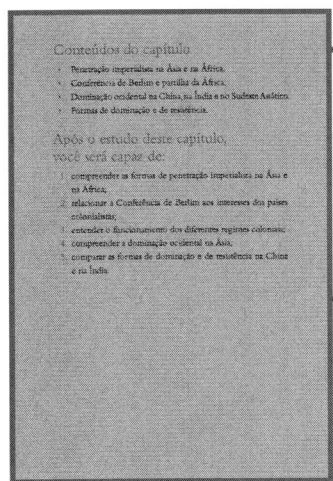

Conteúdos do capítulo

Logo na abertura do capítulo, você fica conhecendo os conteúdos que nele serão abordados.

Após o estudo deste capítulo, você será capaz de:

Você também é informado a respeito das competências que irá desenvolver e dos conhecimentos que irá adquirir com o estudo do capítulo.

Síntese

Você dispõe, ao final do capítulo, de uma síntese que traz os principais conceitos abordados.

Questões para revisão

Com estas atividades, você tem a possibilidade de rever os principais conceitos analisados. Ao final do livro, os autores disponibilizam as respostas às questões, a fim de que você possa verificar como está sua aprendizagem.

Questões para reflexão

Nesta seção, a proposta é levá-lo a refletir criticamente sobre alguns assuntos e a trocar ideias e experiências com seus pares.

Para saber mais

Você pode consultar as obras indicadas nesta seção para aprofundar sua aprendizagem.

INTRODUÇÃO

A INSERÇÃO DA ÁSIA E DA ÁFRICA NO SISTEMA MUNDIAL MODERNO

A chegada dos europeus ao continente africano no século XV, possibilitada pelo périplo português, foi um dos acontecimentos de maior impacto na história da África, e suas consequências se fazem sentir até os dias de hoje. Em síntese, isso significou o bloqueio do desenvolvimento próprio do continente africano e sua rearticulação em direção ao desenvolvimento do capitalismo, cujo epicentro seria, a partir de então, o Atlântico. Da mesma forma, a chegada dos europeus ao continente asiático teve efeitos semelhantes, mas que demoraram mais a aparecer, pois os europeus encontraram maior dificuldade para lidar com impérios desenvolvidos e centralizados, como era o caso da China. Foi somente no século XIX, após a longa desestruturação da Europa Medieval, das Revoluções Burguesa e Industrial, que o continente asiático foi ocupado e dominado pelas potências capitalistas europeias.

O desenvolvimento desigual nas formações pré-capitalistas africanas

O conceito de *modo de produção*, originado nos estudos de Marx e desenvolvido por outros autores ao longo do século XX, de acordo com Amin (1976), é abstrato, não implica uma lógica rígida de sucessão entre modos de produção nem ocorre de forma "pura" em alguma sociedade, conforme trabalhado pela historiografia tradicional. Segundo Amin (1976), podemos distinguir cinco modos de produção: (1) modo de produção comunitário primitivo, anterior a todos os outros; (2) modo de produção tributário; (3) modo de produção escravista; (4) modo de produção mercantil simples; (5) modo de produção capitalista. Contudo, nenhum desses modos de produção existiu na forma ideal, pois as sociedades históricas são formações que combinam modos de produção variados. Como esclarece Amin (1976, p. 12), "as formações sociais são, portanto, estruturas concretas, organizadas, caracterizadas por um modo de produção dominante e pela articulação à volta deste de um conjunto complexo de modos de produção que a ele estão submetidos". Assim, é possível vermos a articulação de diferentes modos de produção em uma sociedade concreta, e convém identificarmos qual é o modo dominante e qual é modo ascendente.

Ainda conforme Amin (1976), todas as sociedades pré-capitalistas são formações sociais que combinam os mesmos elementos: dominância do modo de produção comunitário ou tributário, existência de relações mercantis simples e com âmbito limitado e presença de relações de comércio de longa distância, que articulam diversas formações autônomas e permitem a transferência do excedente de uma sociedade para outra. Uma formação social que dependa basicamente do comércio de longa distância tem como característica a baixa produção de excedente interno; por isso, pode entrar em ascensão ou decadência de acordo com as trocas comerciais, não importando diretamente se teve uma modificação notável na produção de excedentes.

Quando da chegada dos europeus à África, o continente apresentava diversas formações sociais, tendo o predomínio das variações de modos de produção comunitários e tributários. Sobre os modos de produção comunitários, Amin (1976, p. 10) afirma que

> *a África Negra[I] apresenta[va] uma gama variada desses modos de produção, uns relativamente pouco hierarquizados – nomeadamente no território banto –, outros fortemente desiguais como entre os tuculeros no vale do Senegal, os achânti do Gana, os hauçás do norte da Nigéria etc. Mas sempre o camponês tem acesso à terra; por pertencer a um clã tem direito a uma parcela do território deste. Daí, que seja impossível o processo de proletarização; isto é, de separação do produtor de seus meios de produção.*

Nas civilizações pré-capitalistas, as formações sociais mais comuns eram aquelas que apresentavam como modo de produção dominante o **tributário**. As formações tributárias se dividem em três grandes categorias: (1) formações tributárias ricas, fundadas em um excedente interno volumoso, como o Egito e a China; (2) formações tributárias pobres, caracterizadas pelo pequeno volume de excedente, como as sociedades medievais e o feudalismo; (3) formações tributárias comerciantes, dependentes das rotas de comércio, como a Grécia Antiga, o Mundo Árabe em seu apogeu

---

I. *Nesta obra, utilizamos a denominação equivalente* África Subsaariana.

e diversos estados da savana africana (Amin, 1976). Nessas formações tributárias comerciantes, o escravismo aparecia marginalmente (como na África) ou com centralidade (como na Grécia Antiga). Tanto as formações africanas com centralidade comunitária quanto as formações com centralidade tributário-mercantil foram fortemente impactadas pelo contato e pelo comércio com os europeus. Entretanto, se, por um lado, o impacto ocasionou o capitalismo na Europa – que veio justamente da sua pobreza relativa –, por outro lado, na África ocorreu o bloqueio de seu desenvolvimento, precisamente porque faltou um dos elementos essenciais para a emergência do capitalismo: a **desestruturação das relações feudais**. Outro elemento necessário para isso, a **acumulação de capital**, era encontrado em algumas sociedades do norte da África e chegou a marcar o apogeu de grandes impérios africanos; porém, tais sociedades tinham pouco excedente, por isso o lucro vinha mais do comércio de longa distância que da articulação com a produção local. Isso significa que essas formações se fundavam não no excedente tributado aos camponeses da região, mas nos lucros do grande comércio. De acordo com Amin (1976, p. 35), foi "assim que todos os grandes Estados magrebinos foram estabelecidos sobre o comércio do ouro proveniente da África do Oeste. Durante séculos, até a descoberta da América, a África do Oeste foi o principal fornecedor do metal amarelo para toda a parte ocidental do mundo antigo". Os períodos brilhantes da civilização árabe no norte da África foram caracterizados não por grandes realizações agrícolas, mas pela prosperidade do comércio e das cidades. A decadência veio com o desvio das rotas comerciais.

É exatamente nesse ponto que costumam aflorar preconceitos ideológicos desfavoráveis à África, pois não se identificam corretamente as causas da desarticulação das formações sociais africanas em contato com os europeus na Era Moderna. As formações africanas pré-mercantilistas eram autônomas, e seu desenvolvimento ocorreu de forma paralela e articulada com as formações da Ásia, do Mediterrâneo (sul da Europa) e do Oriente Médio. Quando os portugueses chegaram, no século XV, à África, esta realizava a articulação entre essas três regiões e estava integrada na história mundial. O desenvolvimento das estruturas africanas se equiparava às estruturas análogas em diversas outras regiões do mundo. Os relatos dos viajantes admirados com as "maravilhas" dos estados africanos corroboram essa tese.

Quando da chegada dos europeus à África, o continente apresentava diversas formações sociais, havendo o predomínio das variações dos modos de produção comunitário e tributário. No entanto, o comércio mercantilista com os europeus, entre os séculos XVI e XVIII, foi além do comércio igualitário da fase anterior, pois engendrou o sistema capitalista e desagregou as relações feudais (na Europa) e tributárias e comunitárias (essencialmente na África). O resultado foi a formação do sistema capitalista com base no mercantilismo, com a especialização e a divisão internacional do trabalho, contexto em que os reinos africanos ficaram incumbidos basicamente de fornecer mão de obra escrava, além de alguns poucos produtos do extrativismo. Assim, os estados africanos, no início do século XVI, eram embriões de nações destruídos pelo fim do comércio saariano e pela rearticulação atlântica.

O Império Songhai constituiu um exemplo claro dessa situação: o último grande estado mercantil-tributário do Sudão Ocidental vivia um momento de transformação interna, rumo, talvez, a uma especialização e a uma organização com corte classista. Porém, a invasão da região pelos mercenários do sultão do Marrocos e a derrota do Estado Songhai em 1591 puseram fim ao Império e interromperam esse processo. Com a chegada dos europeus e o estabelecimento do comércio no litoral, as linhas comerciais que passavam pelos domínios de Songhai foram se enfraquecendo e o Império ruiu (Amin, 1976).

O deslocamento do centro de gravidade do comércio africano (da savana para a costa) em certa medida refletiu o deslocamento do centro de gravidade do desenvolvimento europeu (do Mediterrâneo para o Atlântico), uma vez que as relações entre África e Europa passaram a estar submetidas ao quadro mais amplo de formação do capitalismo mercantilista, que desenvolveu desigualmente as formações sociais que engendrava. Conforme Amin (1976, p. 41),

> *é evidentemente impossível saber o que se tornariam as formações africanas se tivessem continuado a evoluir por si mesmo depois do século XVII. Integradas num estágio precoce no sistema capitalista nascente, o estágio mercantilista, foram, na realidade, destruídas nessa época e não tardarão a regredir. Pode-se calcular-se, contudo, que o grande comércio africano pré-mercantilista, brilhante em certas regiões, mas articulando-se em formações comunitárias ou tributárias relativamente pobres, não teria podido gerar por si só o modo de produção capitalista.*

O contato com os europeus interferiu diretamente em diversas organizações políticas africanas em processo de formação e/ou aglutinação e rearticulou-as. A centralização dos impérios e as novas organizações econômicas passaram a ter de contar com a variável das relações com os europeus, que poderiam tornar-se aliados ou inimigos, em um complexo jogo que combinava alianças, federações e sucessão de domínios e hegemonias. Os caçadores de escravos buscavam presas em diversos outros grupos e territórios. A consequência disso foi o desmantelamento de estruturas econômicas, políticas e sociais preexistentes; em contrapartida, os reinos que mais prosperaram foram, em geral, os escravistas, ainda que sobre uma base frágil.

No início do século XIX, a África ainda não havia sido dominada. No entanto, ao longo do século, o mercantilismo, o fim do escravismo colonial nas Américas e a rearticulação capitalista impulsionaram os europeus a penetrar no continente africano. Os reinos africanos eram obstáculos ao novo domínio imperialista, por isso deveriam ser removidos, destruídos ou submetidos.

Os europeus na Ásia

Em diversos momentos da história, os europeus tiveram contato com os egípcios e com os chineses, duas civilizações antigas que, embora distantes, conheceram formações tributárias altamente desenvolvidas. Enquanto a Mesopotâmia e o Vale do Indo eram vulneráveis – pois estavam rodeados por zonas relativamente povoadas, atraíam ataques constantes e tinham dificuldades em articular um Estado poderoso –, a China e o Egito se beneficiavam de condições mais favoráveis (Amin, 1976). Ao longo dos séculos, a China pôde desenvolver uma civilização tributária acabada e estabelecer, ao sul (Sudeste Asiático), novas zonas de civilização agrária, idênticas à de suas origens.

Entre as características da China que influenciaram o Sudeste Asiático estão: (a) grande população; (b) comunidade aldeã fraca em comparação com o Estado poderoso; (c) desenvolvimento de uma classe estatal que oferecia serviços e organizava a civilização; (d) fiscalização do comércio e controle dos produtores por parte do Estado; e (e) modelo que assimilava as transformações das forças produtivas, conciliando e evitando grandes transformações. A crise dessas formações tributárias ocorreu somente quando do contato com o capitalismo, vindo do exterior (Amin, 1976). Assim, a força da China – ou seja, seu grande desenvolvimento – foi também o motivo de sua fraqueza, pois inicialmente o contato com os europeus não se fez sentir. Apenas no século XIX, depois de três séculos de comércio, é que os europeus tiveram condições de invadir e dominar a China, como veremos no Capítulo 1. As demais civilizações asiáticas passaram por processos semelhantes (bloqueio do modelo de desenvolvimento e ocupação e dominação europeia).

Assim, é com base nesse eixo interpretativo que estruturamos este livro. No primeiro capítulo, abordaremos a penetração imperialista na Ásia e na África no século XIX, bem como as formas de dominação e de resistência. No segundo capítulo, nosso objeto de análise será a descolonização asiática, com a verificação de seus antecedentes históricos e de suas causas; nesse ponto, analisaremos o processo de descolonização das Filipinas, da Indonésia, da China e do Vietnã, bem como a Revolução Chinesa. No terceiro capítulo, trataremos da descolonização africana e dos movimentos de negritude e pan-africanismo em tal processo. No quarto capítulo, examinaremos a inserção internacional da Ásia contemporânea, do pós-Segunda Guerra até os dias atuais. Por fim, no quinto capítulo, nossa análise recairá sobre a inserção internacional da África contemporânea, com base nos seus eixos de desenvolvimento e autonomia.

Capítulo 1

À PARTILHA IMPERIALISTA da ÁFRICA e da ÁSIA: FORMAS de DOMINAÇÃO e de RESISTÊNCIA

Conteúdos do capítulo

- Penetração imperialista na Ásia e na África.
- Conferência de Berlim e partilha da África.
- Dominação ocidental na China, na Índia e no Sudeste Asiático.
- Formas de dominação e de resistência.

Após o estudo deste capítulo, você será capaz de:

1. compreender as formas de penetração imperialista na Ásia e na África;
2. relacionar a Conferência de Berlim aos interesses dos países colonialistas;
3. entender o funcionamento dos diferentes regimes coloniais;
4. compreender a dominação ocidental na Ásia;
5. comparar as formas de dominação e de resistência na China e na Índia.

(1.1)
Os agentes da penetração, da partilha e da conquista da África

A integração da África como um dos pilares fundamentais da economia mercantilista na Era Moderna possibilitou e determinou sua reestruturação geopolítica e econômica. Novos estados litorâneos, como Ashanti, Benin e N'Gola, desenvolveram-se voltados à exportação de mão de obra para as Américas. Para tanto, adotaram os princípios monopolistas do mercantilismo e produziram seus "artigos" por meio da guerra e do comércio com o interior. Tais atividades proporcionavam rendas que mantinham e enriqueciam os governantes, seus séquitos (aristocratas, funcionários e militares) e os comerciantes locais, além de gerar demanda para os gêneros agrícolas e artesanais e uma profunda reorganização de rotas, parceiros e objetivos. Reagindo e respondendo às pressões do mercantilismo, os africanos mantiveram os europeus encurralados em enclaves litorâneos, chamados *feitorias*, e controlaram o pilar fornecedor de escravos até a crise do sistema (Ki-Zerbo, 1991; M'Bokolo, 2009; Lovejoy, 2002).

O desenvolvimento do capitalismo provocou uma série de transformações que terminaram por romper o sistema e provocar uma revolução originada no polo central europeu, que afetou profundamente todo o mercantilismo. As chamadas *Revolução Burguesa, Revolução Atlântica, Revolução Francesa* e *Revolução Industrial* foram, na realidade, uma única revolução sistêmica, cujos efeitos exigiram e possibilitaram transformações contraditórias em todos os parceiros do Antigo Regime europeu, reunindo-os em ritmos e situações desiguais em uma nova estrutura.

Transformações materiais, políticas e ideológicas nas origens e nos resultados dessa revolução intensificaram o tráfico de escravos, bem como sua condenação. Os estados do litoral da África descobriram alternativas para a crise no desenvolvimento paralelo do tráfico legal de matérias-primas e insumos produzidos localmente. O efeito imediato foi o surgimento de novos tipos de produtos de comércio livre (óleo de palma, amendoim, algodão, ouro e marfim) e da nova atividade mercantil, ao mesmo tempo que autoridades e traficantes locais introduziam no continente a produção escravista em larga escala para suprir as lavouras de exportação (*plantations*), características do continente americano (Lovejoy, 2002; Ki-Zerbo, 1991).

Esse processo transitório causava instabilidade e transformações em todo o planeta, provocava tensões internas, disputas pelo controle de áreas de produção e de escoamento, mas mantinha o controle da produção e os principais ganhos nas mãos africanas e de seus estados independentes, os quais "jogavam" com as necessidades dos importadores europeus. A crise e as instabilidades das mudanças, acompanhadas pelo combate da Inglaterra ao tráfico de escravos, determinaram um novo tipo de ocupação europeia no litoral: a criação de bases navais para a repressão ao tráfico, bem como de áreas para devolver ex-escravos e controlar a exportação de produtos legais, produzidos por escravos no interior (Lovejoy, 2002; M'Bokolo, 2009; Rodney, 1975).

Novos tipos de enclave foram instalados: missões religiosas, aquartelamentos e casas comerciais. Os fundamentos e os mecanismos de ação eram a materialização da nova ideologia em ascensão – o liberalismo –, com o corolário de pressão sobre os custos. Como consequência, os estados de origem não deviam ou não desejavam arcar com os custos; as fontes locais deveriam suprir as despesas públicas. Com esses fatores, surgiram os novos elementos que estavam na base da conquista colonial da África: missionários, exploradores, soldados e, principalmente, comerciantes (Ki-Zerbo, 1991).

(1.2)
A Conferência de Berlim e a partilha da África

A intensificação da corrida por esferas de influência no território africano, originada pela disputa entre os capitalistas europeus e os Estados africanos que controlavam as exportações dos novos produtos, foi potencializada pela crise econômica que eclodiu na Europa na década de 1870. Para os europeus, era necessário abrir o comércio direto para os produtos africanos e para os manufaturados europeus. Nesse quadro, tornou-se necessário romper o controle do acesso ao interior da África, mantido pelos Estados do litoral, que vinham estabelecendo impérios tributários, subjugando os vizinhos menos poderosos e, assim, compensando os prejuízos da repressão ao tráfico internacional de escravos.

Outro aspecto decorrente desse processo foi a internalização, no continente, da escravidão moderna, para atender à demanda do comércio legítimo dos novos produtos. Essa situação – a utilização de escravos na produção africana – provocava o aumento da intervenção filantrópica via missionários e da pressão sobre os Estados europeus para intervirem, por meio do estabelecimento de consulados e de seus agentes, com o objetivo de firmar acordos de proibição do tráfico de escravos e de liberalização dos mercados, além do estabelecimento de esferas de interesse (Lovejoy, 2002; M'Bokolo, 2009).

Assim, as principais potências europeias que tinham relações com o continente africano (Inglaterra, França e Portugal) deslocaram os antigos concorrentes da época mercantilista, como os Países Baixos, a Dinamarca e as cidades alemãs, mas enfrentaram novos competidores: o rei belga Leopoldo II e os empresários alemães. O rei pretendia construir um império colonial privado na África Central. Enquanto isso, os empresários desejavam estabelecer esferas de influência no litoral africano para se projetarem para o interior, fora do controle das metrópoles tradicionais, empregando métodos privados com o apoio do Estado e de entidades filantrópicas. Associações aparentemente internacionais de exploração e companhias com cartas de direitos emitidos por potências europeias misturaram-se nessa corrida, gerando desconfiança recíproca e instabilidade (Wesseling, 1998).

Exploradores e viajantes, agindo por representação ou de forma autônoma, estabeleciam, por onde passavam, tratados e acordos pessoais em benefício de Estados europeus, por meio da cessão de soberania ou do estabelecimento de esferas de interesse e áreas de proteção monopolizadas por potências específicas. Portugal tentou fortalecer, com o reconhecimento internacional, o controle sobre a foz do Rio Congo, mas foi barrado pelo governo britânico. Essa situação, em uma área de intensa disputa, proporcionou as condições para a convocação da Conferência de Berlim, evento internacional realizado de novembro de 1884 a fevereiro de

1885. Seus objetivos explícitos eram o estabelecimento de regras para a liberdade comercial e a atuação humanitária no continente africano. Na conferência, além das regras para a liberdade de comércio, estabeleceu-se a igualdade de condições para os capitalistas concorrentes. O mundo liberal vencia, assim, o protecionismo (Brunschwig, 1972; Coquery-Vidrovitch; Moniot, 1985).

Paralelamente aos tratados de navegação, foi reconhecida a esfera de influência da Alemanha sobre os territórios litorâneos conquistados ou ocupados por suas *chartered companies* (companhias de carta ou de alvará), que assumiam os direitos e os deveres da dominação e eram protegidas pelo aparato metropolitano; além disso, o Estado Livre do Congo foi confirmado como propriedade pessoal do rei da Bélgica. Foram definidas, também, a legitimidade e a inviolabilidade do controle de determinadas potências sobre o litoral, bem como as regras para a legitimidade da dominação: prova de ocupação definitiva, declaração desta para possível contestação por outras potências e assinaturas de acordos (Brunschwig, 1972; Coquery-Vidrovitch; Moniot, 1985; M'Bokolo, 2009; Ki-Zerbo, 1991). Um paradoxo de tais decisões foi a limitação do reconhecimento da soberania europeia nas áreas litorâneas, o que abriu caminho para a corrida pela conquista do interior da África e o estabelecimento de novas fronteiras voltadas aos interesses econômicos, aos limites do conhecimento geográfico e às rivalidades intraeuropeias. Ao fim da conferência, a história e a política africanas passaram a ser definidas pela diplomacia europeia.

Após a conferência, os beneficiários trataram de impor sua dominação no interior da África e remodelar geopolítica, social e economicamente o continente, transformado em objeto do imperialismo de novo tipo que surgia na Europa[I]. Para isso, utilizavam os mesmos argumentos para a instalação no litoral: fim da escravidão, estabelecimento da civilização, cristianização e abertura do território para o comércio internacional. Com isso, iniciaram-se as guerras de conquista e a dependência econômica do continente em relação às economias industriais das potências europeias.

(1.3)
Os diferentes sistemas coloniais: conquista, dominação, exploração e modernização

Tendo a Conferência de Berlim estabelecido as regras para a partilha da África e reconhecido a supremacia das potências europeias, faltava realizar ajustes das fronteiras litorâneas e a incorporação do interior do continente. Para tanto, foram utilizados diplomacia (entre europeus) e armas modernas (para com os africanos). A dominação efetiva do continente ocasionou guerras para conquistar o território e subjugar o povo até as vésperas da Primeira Guerra Mundial (1914-1918). Os africanos resistiam à perda de soberania e às transformações econômicas, fiscais e políticas que, com a exploração predatória dos recursos naturais e demográficos, eram-lhes impostas.

Os propagandistas e os agentes imperialistas visavam explorar economicamente o continente e enquadrá-lo na nova **divisão**

I. *Esse imperialismo de novo tipo nos remete à definição de* imperialismo *elaborada por Lênin (2011) em seu livro* O imperialismo, etapa superior do capitalismo, *publicado pela primeira vez em 1917. A esse conceito correspondia a divisão do planeta em áreas coloniais subordinadas às novas potências europeias que ascenderam com a Revolução Industrial, bem como o desenvolvimento do capitalismo monopolista.*

internacional do trabalho como região periférica e subordinada. A riqueza produzida pelo atendimento da demanda de minerais, matérias-primas e gêneros tropicais da nova sociedade fabril, monopolista e urbanizada deveria ser acumulada na metrópole. Além disso, deveria garantir o lucro dos capitais investidos e o baixo custo de produção, bem como reservas que possibilitassem a liberdade de ação e de produção das potências imperialistas. Para isso, era necessário submeter territórios e populações, reorganizar a produção e o sistema de propriedade, além de obrigar a população ao trabalho orientado pelos novos objetivos e volumes de produtos (Rodney, 1975). Esse imenso processo de expropriação da economia, do tempo, da cultura e das condições de vida originou rebeliões e resistências, principalmente nas sociedades sem organização estatal[II]. A superioridade em armamentos e meios de locomoção proporcionada pelas novas tecnologias representou a garantia da vitória europeia na repressão às resistências e nas guerras.

Ao passo que a violência física e simbólica marcou as relações de conquista na África, as diferenças entre as potências eram resolvidas entre os diplomatas por meio de mapas incompletos e falhos. Disso resultou o estabelecimento de fronteiras em linhas retas que reuniam, em uma única unidade administrativa, povos diferentes

---

II. Historicamente, o continente africano apresentou-se dividido entre sociedades com organização estatal (tais como Egito, Reinos Núbios, Etiópia, Gana, Mali, Songai, Reino do Congo e Império do Monomotapa) e sociedades que, por uma série de razões – como a possibilidade de povoamento de áreas, a produção de subsistência com pequenos excedentes para a troca e a adaptação ecológica –, sobreviviam e se reproduziam sem a necessidade de uma organização estatal definida. Em relação a estas últimas sociedades, alguns autores baseados no eurocentrismo erroneamente as identificaram como tribais, *enquanto, na realidade, elas se caracterizavam como sociedades aldeãs autogovernadas.*

e até inimigos, ao mesmo tempo que dividiam conjuntos étnico-linguísticos com uma longa história de unidade (M'Bokolo, 2009; Davidson, 1981). Somente quando os projetos expansionistas se enfrentaram, por razões geopolíticas, como na disputa pelo controle do Alto Nilo em Fachoda (atual Sudão do Sul), em 1898, ocorreram conflitos diretos entre as potências colonialistas, não por projeções de esferas de influência, mas pelo domínio territorial efetivo. Tal domínio se realizava por meio da ação dos Estados imperialistas, e não pela atuação de concessionários acreditados pela metrópole, aspecto bastante usual no passado recente (Wesseling, 1998).

1.3.1 Os impérios e as formas de dominação

Os impérios se organizaram em diferentes formas de domínio, como governo direto, governo indireto e protetorado. Além do interesse na exploração das regiões dominadas, eles tinham em comum instrumentos muitas vezes sofisticados de dominação ideológica e cultural que legitimavam o colonialismo como uma forma de modernização.

1.3.1.1 Dominação ideológica

Durante a conquista da África, foram sendo implementados sistemas de dominação que tinham como características básicas a transferência da soberania para a metrópole e seus funcionários, bem como o uso de meios de domínio e controle formais e diretos. Os africanos foram, assim, transformados em objetos da administração e ficaram sujeitos a leis, regulamentos e normas subordinadoras. A justificativa que legitimava esse processo era fornecida por um conjunto de ideologias imperialistas – filantrópicas, pragmático-utilitaristas, racistas ou social-darwinistas – que defendiam a superioridade e o direito de dominação dos europeus, assim como a inferioridade racial e a naturalização da subordinação e da exploração dos africanos:

a. As **ideologias filantrópicas** justificavam a dominação como uma necessidade para promover a civilização, educar e eliminar os "costumes bárbaros" africanos.

b. As **ideologias pragmático-utilitaristas** explicavam a dominação pelos benefícios econômicos trazidos para ambos os lados, além da necessidade de acesso a mercados, matérias-primas e trabalho, sempre esquivo, mas fundamental para a sobrevivência e a expansão da sociedade industrial-capitalista.

c. As **ideologias racistas** defendiam a existência de diferenças e hierarquias naturais entre as raças, sendo a dominação de umas sobre as outras uma consequência lógica. Entre tais doutrinas, destacavam-se a do "destino manifesto" e a do "fardo do homem branco" como princípio de revelação divina e destino predeterminado e irrecorrível.

d. Os **darwinistas sociais** transpunham para as relações humanas e sociais os princípios da luta pela sobrevivência das espécies, que se reivindicava como científica e positiva. Com base nessa ideologia, a única opção era seguir o curso da natureza e eliminar as sociedades mais fracas.

Tais ideologias, em seu discurso "teórico", apresentavam-se de forma pura, mas, na prática, combinavam diferentes aspectos e demonstravam em sua base a justificação dos interesses econômicos. Fundamentavam-se na percepção da superioridade tecnológica e do desenvolvimento que a causava e que dela tirava proveito. Como esse desenvolvimento era fruto do capitalismo, que, no seu conjunto econômico, político e cultural, atingira a maturidade na Europa no século XIX, diversos teóricos identificavam tais avanços, de forma racista, etnocêntrica e/ou eurocêntrica, como fundamento para suas posições e ações.

As características fundamentais dos sistemas de dominação eram a apropriação da soberania e a subordinação dos Estados ou das sociedades às metrópoles. Com base nas normas definidas pela Conferência de Berlim e no processo de expansão europeia, foram desenvolvidas diferentes formas de dominação. Seguindo diferentes condicionantes e um processo de experimentação, foram instituídos dois modelos ideais clássicos de controle e exploração que, na prática, em âmbito local, interpenetravam-se: a **dominação direta**, com governo exercido diretamente por meio de funcionários metropolitanos, e a **dominação indireta**, com governo exercido por autoridades locais designadas por representantes metropolitanos.

Tais formas definiam muito mais os mecanismos de estruturação imperial e de governo colonial que as relações locais com a população subordinada. Originalmente, ocorreram experiências privatistas – exceto no Império Francês –, em que a soberania do território era transferida para empresas particulares. Contudo, as contradições dos interesses, o objetivo de lucro e a escassez dos recursos disponíveis para tais companhias acabaram por levar à substituição pelo poder estatal da metrópole.

1.3.1.2 Colônias (governos direto e indireto) e protetorados

Quando o Estado metropolitano organizava seu império sob a forma de um **governo direto**, não instituía organismos intermediários na área colonial. O representante metropolitano detinha plenos poderes executivos e legislativos e deveria, como no caso francês, subordinar-se às determinações emanadas do Parlamento em Paris. Os representantes locais eram constituídos por funcionários coloniais, e as relações com a população eram estabelecidas por meio de chefes nativos (substituídos conforme os interesses de estabilização), transformados em funcionários do império. Todos os administradores tinham poderes discricionários, mas inexistiam organismos intermediários de legislação ou de aconselhamento. A administração era hierarquizada e seus representantes cumpriam funções administrativas, policiais e judiciárias.

No caso de um **governo indireto**, a autoridade colonial tinha poderes dominantes, mas organismos intermediários eram desenvolvidos nas províncias do império para aconselhar e, posteriormente, legislar. Os conselhos envolveram, ao longo do período, uma série de organismos designados. Quando ocorriam eleições, a maioria era constituída por funcionários e colonos. A relação com a população dava-se por meio de chefes nativos subsidiados pelo império. No entanto, o desrespeito destes às determinações da autoridade levava à sua substituição por elementos mais dóceis.

Se a realidade concreta significava a dominação e a exploração, do ponto de vista formal, existiam duas formas de dominação: a colônia e o protetorado.

As **colônias** eram constituídas por áreas adquiridas e organizadas conforme o direito de conquista; a população e o território eram administrados pelo império, e a metrópole podia realizar estruturações e reestruturações territoriais a seu bel-prazer.

Os códigos de indigenato[III] estabeleciam a posição das pessoas, seus deveres e as penalidades cabíveis no caso de condutas contrárias. O controle era realizado por autoridades da metrópole e por forças militares e policiais coloniais, constituídas por oficiais europeus e tropas nativas. Havia o cuidado de acantonar tropas de etnias diferentes das da região ocupada e de constituir tropas com escravos ou ex-escravos locais. Essa foi uma característica importante para a conquista inicial e posterior manutenção da dominação.

Os **protetorados** foram constituídos por acordos formais com Estados africanos preexistentes por variadas causas e formas: desde a ameaça da conquista até opções da política regional – como impedir a conquista ou a ameaça por parte de outra potência europeia, ou consolidar ou estabilizar o poder local, ou, ainda, expandir seu território. Os protetorados apresentavam restrições às ações arbitrárias das metrópoles e, teoricamente, mantinham suas estruturas políticas, sociais e econômicas, sendo dominados por meio de residentes e conselheiros que atuavam nas instituições nativas, os quais terminavam por assumir a função de verdadeiros governantes. Outras características dos acordos de protetorado eram a transferência da soberania para o império protetor, a extinção das forças militares próprias e a monopolização das relações pela metrópole. Como o protetorado não perdia a totalidade da soberania, a população não era subordinada a um código do indigenato, mas às modernizações determinadas pelos agentes imperiais por meio dos soberanos locais. Essa situação aparentemente idílica era, no entanto,

---

III. Códigos civis de conduta para os africanos estabelecidos por todos os países colonialistas; podiam apresentar várias modalidades. Nas colônias portuguesas, por exemplo, foram estabelecidos em 1928.

subordinada à realidade da dominação: a tentativa de romper os acordos poderia levar à conquista militar e à transformação do protetorado em colônia ou, ainda, à substituição das autoridades locais por elementos mais dóceis e dispostos a atender às exigências dos protetores. A manutenção do *status* de protetorado dependia, assim, da permanente subordinação e adequação da área aos desígnios do domínio metropolitano. Os ingleses caracterizavam o protetorado como uma situação de "governo dual" e aplicaram-no na maioria das áreas do seu império na África.

Na realidade, sendo a região colônia ou protetorado, os elementos fundamentais da dominação eram a **expropriação da soberania** e a **administração da população**. A subordinação da população e do território a uma autoridade, direta ou indireta, emanava da metrópole com o objetivo de implementar a economia de mercado e a propriedade privada, bem como explorar os recursos da região em benefício dos senhores do império.

1.3.2 O PROCESSO DE MODERNIZAÇÃO DA EXPLORAÇÃO

A conquista e a dominação da África levaram à sua modernização, mesmo que seletiva, de acordo com as necessidades da divisão do trabalho e da integração subordinada da economia africana à metropolitana. Como a função econômica das colônias era, segundo os teóricos e as autoridades coloniais, levar benefícios às metrópoles, devendo ser autofinanciadas, era necessário prepará-las para cumprir tal função. A primeira mudança era a assimilação e a integração dos territórios à economia capitalista industrial, criando-se, assim, a propriedade privada da terra e implantando-se o trabalho assalariado. Dessa forma, os territórios e as populações seriam transformados em fornecedores de insumos agrícolas e minerais, bem como em consumidores de produtos manufaturados. Com isso, a África transformou-se em uma área de produção de bens ou excedentes exportáveis, abandonando o predomínio da produção para a subsistência ou de valores de uso[IV] para consumo próprio.

1.3.2.1 *O confisco da terra e os impostos*

Foram utilizados vários processos para a modernização das novas áreas dos impérios coloniais na África. A primeira prática foi a **expropriação das terras** consideradas vagas: áreas em pousio (repouso), florestas, regiões abandonadas, áreas "públicas" de Estados derrotados e terras comunitárias que passaram à propriedade dos Estados metropolitanos. Tais terras foram concedidas a empresas metropolitanas a fim de se implementarem *plantations* – imensas áreas voltadas à monocultura de exportação –, explorações madeireiras ou minerais ou, ainda, latifúndios para os colonos. Os nativos eram confinados em reservas de áreas restritas e em terras de baixa qualidade; se permanecessem nas terras redistribuídas, deveriam prestar serviços, pagar rendas e submeter-se aos cultivos obrigatórios.

IV. **Valor de uso** *é uma utilidade associada ao uso ou consumo, ou seja, está atrelada às necessidades do consumidor. Um produto de trabalho humano pode ser considerado útil sem se tornar mercadoria. Um exemplo claro da criação de um valor de uso é a satisfação de uma necessidade própria do produtor por meio de um produto criado por ele mesmo. Quem satisfaz uma necessidade própria com produto do seu trabalho cria, por certo, valor de uso, mas não uma mercadoria. O* **valor de troca***, por sua vez, refere-se a objetos produzidos regularmente com vistas à venda no mercado. Nesse caso, os valores de uso de uma espécie se trocam por valores de uso de outra espécie, assumindo o caráter de mercadoria. Para a produção de uma mercadoria, é necessário que ela possua valor de uso para terceiros, ou seja, que ela possa ser transferida por meio da troca para alguém a quem sirva como valor de uso.*

Os africanos também foram submetidos a **impostos monetários** para financiar os custos da colônia, bem como para obrigá-los a buscar trabalho assalariado e/ou produzir o que era demandado pela metrópole. Com variações locais, os impostos devidos eram a capitação pessoal para adultos do sexo masculino e o imposto sobre a residência, cujo valor aumentava conforme o número de peças da palhota. Como os africanos eram submetidos à legislação administrativa, a inadimplência poderia acarretar trabalhos forçados.

Devemos reconhecer que os tributos foram a evolução de mecanismos predatórios utilizados nos primeiros tempos – principalmente no Congo – e determinavam a obrigação de produzir e entregar gratuitamente os insumos (látex, cera, marfim e alimentos) em volumes arbitrários e sob ameaça de torturas brutais ou de execução aos que não realizassem tais atos. Nesse processo, reduziu-se o tempo para a produção da subsistência. Somado à escassez de terras, o pagamento de tributos tornava os africanos consumidores de artigos comerciais de origem metropolitana.

Paralelamente aos dois mecanismos comentados, outras formas, unificadas sob a denominação de **trabalho obrigatório**, eram utilizadas para explorar a mão de obra africana, que podia ser convocada para trabalhar no interesse da colônia, como nos serviços de construção de portos, de estradas (ferrovias ou rodovias) e de habitações para os funcionários. O trabalho obrigatório também podia ser exigido para o transporte de equipamentos e produtos coloniais. Dos africanos que não viam benefícios em plantar o que era demandado pela metrópole podia-se exigir outra forma de trabalho, como o cultivo compulsório de certas plantações em terras públicas para a metrópole.

A inadimplência tributária ou a resistência ao trabalho compulsório levavam a penalidades sob a forma de **trabalho obrigatório penal**. Finalmente, as autoridades podiam repartir administrativamente a população para trabalhar para os grandes latifundiários ou concessionários. Em várias regiões, tornou-se habitual que trabalhadores contratados realizassem a migração forçada ou voluntária para outras partes da África e lugares até mais distantes, para pagarem impostos, fugirem das brutais condições de trabalho e do empobrecimento ou, simplesmente, para conseguirem recursos para sobreviver. A debilitação da saúde da população pela redução da alimentação e pelo empobrecimento dietético oriundos dessas formas de exploração foi um elemento responsável pela difusão de doenças que, anteriormente, eram restritas geograficamente (como a doença do sono e a malária) e que terminaram assumindo caráter endêmico.

1.3.2.2 *A produção e os produtos*

O continente africano foi explorado de variadas formas, que iam da primitiva pilhagem dos recursos disponíveis até a mineração moderna, passando pelas *plantations* e pela economia do tráfico.

A forma mais simples de exploração era a **pilhagem**, ou seja, a atividade predatória da natureza, como a coleta de látex e cera, a extração de madeira e a caça indiscriminada de elefantes. Como era uma atividade altamente destrutiva, rapidamente as reservas naturais se esgotaram e a população das áreas onde acontecia diminuiu.

O sistema de *plantation* era realizado por empresas ou colonos que recebiam a concessão ou a propriedade de imensas áreas territoriais, a fim de produzir gêneros alimentícios e matérias-primas necessários às metrópoles. Essa técnica englobava a produção agrícola, a elaboração primária, o transporte e a comercialização monopolista dos produtos e era beneficiada com subsídios, juros baixos, mercados garantidos e reservados, além de preços administrados favoráveis e fretes abaixo do custo do transporte. Esses empreendimentos eram facilitados pela mão de obra barata, oriunda do trabalho obrigatório e dos camponeses em busca de salários para pagarem os impostos monetários para a administração colonial.

Outra atividade que beneficiava a economia metropolitana era o **tráfico**, no qual os frutos da produção autônoma dos camponeses eram trocados por produtos europeus por ação de agentes locais, estrangeiros ou nativos das empresas mercantes metropolitanas. Tais produtos eram reunidos em armazéns, distribuídos ao longo das rotas e enviados aos portos para exportação à metrópole, sob sua forma original ou depois de passarem por beneficiamento primário. A discrepância entre o preço de compra dos produtos africanos e o preço de venda dos manufaturados era grande. As redes de tráfico envolviam imensos territórios e uma variedade de produtos que podiam ser fruto do trabalho dos camponeses autônomos. Muitas vezes, esses produtos concorriam com os das *plantations*, o que demonstra a capacidade de iniciativa e de adaptação dos africanos. Cera, algodão, cola, amendoim, óleo de palma, sisal e alguns resultados da caça, como peles e marfim, ou do garimpo, como ouro e pedras preciosas, constituíam objetos de tal comércio.

Durante o período colonial na África, a principal atividade foi a **exploração mineral** por grandes empresas que contavam com a proteção metropolitana. Além de receberem a concessão de jazidas, contavam com a criação de redes ferroviárias até os portos de exportação. Foram essas atividades e essa estrutura de transportes que receberam investimentos maciços, bem como aportaram tecnologias e equipamentos modernos para a economia colonial. A mão de obra era dividida em um setor restrito especializado e bem remunerado, constituído por europeus, e um amplo setor sem especialização e com baixa remuneração, constituído por africanos. Estes eram atraídos pela vantagem comparativa dos salários em relação aos das *plantations* ou ao valor pago pelos produtos do tráfico. A construção das vias férreas, com trabalho compulsório para atender às necessidades das mineradoras, acabava por incluir e beneficiar territórios e populações que as margeavam na moderna economia capitalista.

1.3.2.3 Infraestrutura, educação e saúde

A exploração da África, iniciada por meio das bacias dos rios, ao avançar para o interior, passou a exigir infraestruturas mais complexas, como **ferrovias**, **rodovias** e **portos** para escoar os produtos exportados. Esses complexos integrados ligavam o interior aos portos, capazes de atracar os grandes navios cargueiros a vapor, criando, assim, novas rotas, integrando populações até então dispersas e desenvolvendo novas cidades em entroncamentos, estações e portos. O desenvolvimento das atividades de transporte e de manutenção originou um setor moderno, com trabalho assalariado e conhecimentos técnicos em expansão progressiva para os africanos. O crescimento do comércio varejista permitiu o surgimento de uma nova classe social: a burguesia, nativa ou de imigrantes, que se aventurava em novas atividades.

A maior complexidade da economia colonial requeria, progressivamente, um número maior de trabalhadores especializados, o que levou à implementação de **sistemas educativos de formação geral e de trabalhadores**. Embora atingissem um número restrito de jovens, esses sistemas difundiram as ideias metropolitanas modernas de autogoverno e soberania e formaram as elites que constituíram os movimentos nacionalistas da África. As tropas coloniais foram obrigadas a formar e a capacitar, entre os africanos, o setor de comando básico e os soldados. Educadores, operários, técnicos e militares de um novo tipo constituíram, com os religiosos nativos — educados para a sociedade moderna —, uma elite de novo tipo, que considerava a capacitação e o mérito.

Os deslocamentos humanos, o trabalho extenuante e a subnutrição acabaram por difundir doenças, africanas ou importadas, causando **epidemias** mortais ou males crônicos e reduzindo a capacidade de trabalho e a produtividade das pessoas. Essa situação ameaçava a sobrevivência dos impérios e a função das colônias de fornecer utilidades para as metrópoles, consumir artigos industriais e prover soldados e empregos rentáveis. Nesse quadro, a **preservação da saúde** e o **saneamento** passaram a ter importância vital. Foram construídas redes de atendimento médico que, embora precárias, prestavam serviços à saúde dos africanos. As doenças tropicais passaram a ser pesquisadas, e o Estado assumiu, diretamente ou recorrendo a missionários, os cuidados com a saúde geral, por meio de dispensários, vacinações e pela formação de auxiliares e enfermeiros.

1.3.2.4 As implicações da modernização

Em linhas gerais, a modernização correspondeu à incorporação do continente africano e da população à nova **divisão internacional**

do trabalho, com o corolário da transformação da produção de valores de troca, a implementação do trabalho disciplinado e subordinado para produzir mercadorias e a proletarização de um campesinato autônomo. Outro aspecto foi a introdução da **propriedade privada**, normalmente em benefício dos europeus e de suas empresas. Portanto, podemos afirmar que a construção de **infraestrutura**, a **educação** e o desenvolvimento da **saúde** foram mais consequências das necessidades de exploração que objetivos humanitários e primários dos colonizadores.

A modernização teve como traço mais marcante seus impactos negativos, com a implementação de monoculturas e de atividades mineradoras dependentes de mercados externos, bem como dos ciclos econômicos determinados pela concorrência internacional e pelas crises econômicas.

(1.4)
A DOMINAÇÃO OCIDENTAL NA CHINA

Em geral, temos uma imagem ou representação distorcida da China como um país de povo exótico e atrasado que foi civilizado a partir do século XIX, quando não pôde mais resistir à pressão da modernidade e da civilização europeia, sendo forçado a abrir suas portas para o Ocidente. Também pensamos em um país que se "rendeu" ao comunismo e que pretende dominar o mundo. Tais são as representações que se configuram, de certa forma, na imagem da China que boa parte de nós concebemos. Elas estão enquadradas em duas posições políticas: uma de justificativa do imperialismo europeu no fim do século XIX e outra de legitimação da intervenção estadunidense na China no fim da Segunda Guerra Mundial (Pischel, 1976) e na Guerra da Coreia. Essa imagem também está relacionada a uma tentativa de estabelecer um deserto nuclear na região nordeste da China como desdobramento da Guerra da Coreia.

Contudo, a partir da década de 1960, essa visão ocidental e eurocêntrica sofreu uma série de abalos. O primeiro deles veio com o reconhecimento de que a China havia alcançado um elevado nível de conhecimento científico e tecnológico antes do Ocidente (Needan, 1977). O segundo abalo foi o reconhecimento de que, até o início do século XIX, a China se manteve fechada porque não necessitava de absolutamente nada do Ocidente. Uma terceira descoberta, talvez a mais surpreendente, foi a de que, até o início do século XIX, a China era o país onde havia o maior nível de bem-estar no mundo. No século XVIII, quando da Revolução Francesa, em que os camponeses lutavam junto aos burgueses por uma sociedade liberal capitalista, os camponeses chineses dispunham de elevado padrão de vida (Granet, 1979). À época, a China era um **país autossuficiente**, que produzia tudo de que necessitava, além das famosas *chinoiseries* (produtos chineses típicos): cerâmicas, porcelanas, laca e seda.

Assim, como mencionamos, a China não se abria à pressão comercial do Ocidente porque não necessitava de seus produtos. E isso era assim não em razão de nutrir algum ódio ou alguma reserva em relação ao Ocidente, mas porque o país tinha, por sua diversidade territorial, climática e de matérias-primas, uma produção tão diversificada que permitia suprir as necessidades da população. No entanto,

> ainda em 1820, a China tem a glória de gerar um produto interno bruto [PIB] que constituía 32,4% do PIB mundial; em 1949, no momento

de sua fundação, a República Popular da China é o país mais pobre, ou entre os mais pobres do mundo. A agressão colonialista e imperialista que inicia com as Guerras do Ópio é que determina essa queda drástica. (Losurdo, 2010, p. 301)

Então, poderíamos perguntar: O que aconteceu? Por que, no início do século XX, a China apresentava uma imagem de miséria, de desespero, de uma população que não conseguia atingir o número de calorias diárias necessárias? Por que a China se degradou tanto?

Em primeiro lugar, a Revolução Industrial, ocorrida no fim do século XVIII, na Inglaterra, consolidou o desenvolvimento do capitalismo e da tecnologia moderna. Essa revolução criou um significativo desnível de desenvolvimento da China e de todas as outras regiões do mundo em comparação com a Inglaterra e a Europa, que adotaram a indústria capitalista. Essa é a origem do processo que acarretou, no século XIX, a pressão britânica e europeia para a conquista do mercado chinês. Até o século XIX, a China aceitava apenas a prata do Ocidente em troca de chá e de produtos manufaturados, sendo, desde o século XVI, o grande sorvedouro da prata do mundo colonial e da Europa Ocidental. A produção das famosas minas de prata da América Latina foi direcionada para a China e mantida nela[V].

No século XIX, começou a se manifestar uma progressiva alteração nesse sistema de trocas. A Companhia das Índias Orientais

---

V. *A prata da América Espanhola seguia três rotas para a China: (1) via Pacífico para as Filipinas, então colônia espanhola, e de lá para a China, em troca das mercadorias trazidas pela mesma rota para abastecer as elites espanholas na América; (2) via Europa para o Oriente, servindo de moeda para financiar o consumo espanhol, cujos produtos vinham em grande parte da China; e (3) contrabandeada pelo Brasil, servindo para financiar o comércio de Portugal com a China.*

Britânicas, empresa privilegiada, passou a perder poder político e monopólios na Índia, mantendo, contudo, um monopólio crucial: o **ópio**. Até o século XIX, esse era um medicamento produzido em larga escala na Índia. No início daquele século, na Indonésia, por seu efeito anestésico, o ópio foi combinado ao tabaco para reduzir a fome dos camponeses explorados pelo imperialismo holandês. A China também importava legalmente pequenas quantidades de ópio para uso medicinal. Quando os ingleses começaram a exportar para esse país o ópio misturado com tabaco para fumo, houve uma forte reação por parte das autoridades chinesas, especialmente dos mandarins[VI]. Estes governavam as regiões portuárias do comércio exterior e estavam preocupados com os efeitos viciantes do ópio, que causava doenças e faltas ao trabalho, além de ampliar a desagregação familiar; com isso, defenderam a proibição da importação e da comercialização do produto, além da repressão ao contrabando.

Esse tipo de consumo difundiu-se largamente nas regiões portuárias, entre burgueses, funcionários e tropas manchus – etnia originária da Manchúria, no nordeste da China, que governava o país nesse período. Paralelamente à difusão do ópio, os empreendedores ingleses começaram a contrabandeá-lo para a China, para reduzir a fuga de prata proporcionada pelo aumento de importações de produtos chineses. Como escreve Losurdo (2010, p. 302, grifo do original),

> *Essas guerras infames abrem um capítulo decididamente trágico para o grande país asiático. O déficit da balança comercial chinesa provocado pela vitória dos* **narcotraficantes** *britânicos, a terrível humilhação sofrida [...] e a crise evidenciada pela incapacidade do país de defender-se [...]*

VI. O título de mandarim era dado aos altos funcionários públicos na China Imperial.

desempenham um papel de primeiro plano em determinar a Revolta dos Taiping[VII] (1851-1864), referida como Taiping Tianguo, que significa o "Reino dos Céus".

No caso da China, o tráfico do ópio apresentou duas características: a criação de um novo mercado e a desestruturação progressiva das estruturas econômicas e políticas.

1.4.1 OS EFEITOS DAS GUERRAS DO ÓPIO

As Guerras do Ópio se iniciaram com a reação inglesa à repressão do comércio de ópio, abrindo os mercados, a economia e a sociedade chineses inicialmente para a Inglaterra, mas alcançando também a França, a Bélgica e a Alemanha durante o século XIX. Nesses conflitos, o Império Chinês se mostrou, pela primeira vez, inferiorizado em relação às forças militares ocidentais, resultado da superioridade do desenvolvimento industrial da Europa Ocidental em relação ao estágio de desenvolvimento chinês. Além de disporem de condições para a expansão e a imposição de suas exigências sobre outros povos, as potências europeias haviam acumulado uma capacidade econômica e militar capaz de superar em número as forças chinesas, bem como de financiar essa estrutura.

Com as Guerras do Ópio, os europeus exigiram a abertura da economia chinesa para seus produtos industrializados, o direito de negociar livremente no mercado chinês e grandes indenizações

---

VII. A Revolta dos Taipings foi um movimento social e religioso que surgiu na região do Yangtzé e Nanquim. Com um grande exército popular de camponeses pobres e de miseráveis, os taipings conquistaram grande parte do território, reinstalaram a propriedade comunitária da terra e instituíram a igualdade dos sexos. O Império Britânico conseguiu derrotá-los com o massivo apoio das potências europeias em troca de maiores concessões, gerando uma situação de dependência (Spence, 1995; Fairbank, 1990).

para compensar o ópio destruído pelas autoridades chinesas. A penetração foi inicialmente lenta, porque os chineses não aceitavam os produtos ocidentais oferecidos, considerados de qualidade inferior e aquém de suas necessidades (Spence, 1995). Isso levou a uma pressão ocidental crescente pela abertura comercial total da China. As autoridades chinesas, desmoralizadas pelas derrotas militares e pelo fato de sua dinastia não ser chinesa[VIII], faziam cada vez mais **concessões comerciais** a tais potências. Os chineses foram forçados a conceder licenças para a instalação de missões cristãs, em virtude de sua incapacidade de sobreviver às rebeliões camponesas, resultado da crise social surgida com os efeitos das Guerras do Ópio.

Tais concessões foram acompanhadas pelo **direito de extraterritorialidade** – ou seja, os colonizadores não eram submetidos às leis locais e somente eram julgados nos tribunais de suas metrópoles – e pela transferência do controle de territórios chineses para as mãos europeias. Criava-se, assim, uma situação de desestruturação econômica e social na China; por exemplo, a abertura do porto de Hong Kong – que se tornou o grande porto de exportação dos bens produzidos e comercializados pelos europeus na China – reorientou toda a estrutura do comércio chinês.

A conjuntura de decadência aprofundou-se com a derrota em face das modernas forças japonesas durante a **Guerra Sino-Japonesa** (1894-1895). Ao fim do século XIX, o Japão, após ter sido forçado a abrir o comércio pela marinha estadunidense, transformou-se em um Estado política e economicamente moderno.

VIII. *O imperador e a corte eram conquistadores manchus que haviam substituído a dinastia anterior, encontrando forte contestação dentro da sociedade.*

Sem um interregno liberal, transformou-se em uma potência imperialista, almejando incorporar os territórios subordinados ao Império Chinês, como o "reino vassalo" da Coreia, a Ilha de Taiwan – chamada pelos portugueses de *Formosa*, nome que passou a ser utilizado pelos europeus e ocidentais em geral – e o norte da China.

Diante da ofensiva capitalista e imperialista, alguns mandarins procuraram impor reformas modernizadoras como resposta à derrota para o Japão. Tais reformas foram consideradas perigosas pela corte manchu e pelo setor conservador da burocracia e foram bloqueadas por uma forte resistência, o que aumentou a vulnerabilidade da China.

A **reorientação do eixo comercial** e a **implementação de ferrovias** desestruturaram o sistema que fornecia trabalho para alguns milhões de pessoas no transporte hidroviário dos produtos manufaturados e dos cereais dentro da China. Originou-se uma situação brutal de miséria e fome por causa da mudança econômica[IX], o que intensificou o consumo de ópio. Esse consumo tornou-se tão intenso que os senhores de terra do sul, maior fonte de alimentos e matérias-primas agrícolas do país, perceberam que produzir o narcótico rendia muito mais que produzir alimentos ou matérias-primas para a indústria. Assim, eles eliminaram tais lavouras, inclusive os campos de amoreiras, cujas folhas alimentavam os bichos-da-seda, e outros cultivos industriais (algodão, tabaco etc.),

---

IX. *Situação cujas características foram bem analisadas pelo médico brasileiro Josué de Castro nas obras* Geografia da fome *(1965) e* Geopolítica da fome *(1951). As grandes fomes que se abateram sobre a China foram analisadas em suas causas pelo historiador Mike Davis no livro* Holocaustos coloniais *(2002).*

e passaram a plantar papoulas para produzir ópio. Este, por sua vez, podia abastecer a economia e agregar riqueza aos proprietários de terra, mas não alimentava as pessoas e transformava os camponeses rendeiros em trabalhadores dependentes do mercado de alimentos, o que provocou fome e miséria.

No fim do século XIX, a China, como unidade política ou Estado, tornou-se uma representação, uma fantasia. As alfândegas estavam nas mãos dos consórcios de bancos ocidentais que auxiliavam o governo a pagar as indenizações das guerras imperialistas. Os transportes passaram a pertencer às concessionárias – ferrovias ou companhias de navegação a vapor do grande capital europeu ou estadunidense. Aqui surgiram os consórcios, os bancos, as companhias de navegação e de comércio atacadista com sede em Hong Kong, principalmente britânicos, que monopolizavam as atividades econômicas. Entre estas, destacou-se a firma dos Jardine – grandes traficantes de ópio que controlavam aquele enclave inglês –, que deu origem ao banco Hongkong and Shanghai Banking Corporation (HSBC®).

Grandes áreas do território foram concedidas às potências que participaram da dominação da China. As regiões produtoras de matérias-primas minerais, como o carvão[X], foram entregues às grandes corporações constituídas no fim do século XIX, que passaram a utilizar tecnologias modernas e a expulsar a mão de obra. Assim, no fim do século, a China passou a ter um grande excedente

---

X. Tais matérias-primas eram exploradas de maneira artesanal pelos chineses, com intenso uso de mão de obra. Essa exploração está inserida em uma lógica pré-capitalista, sem grande preocupação com o uso de equipamentos mecânicos com a finalidade de aumentar a produtividade.

populacional, e parte da população, empregada nas concessões internacionais, recebia salários ínfimos.

A **terra** foi privatizada nas regiões sob concessão[XI] e, em outras áreas do sul, os burocratas e comerciantes chineses relacionados ao comércio internacional[XII] passaram a se apropriar das terras de uso camponês. Parte dos deserdados permaneceu no campo e outra parcela migrou para as cidades. Essa situação permitiu o surgimento de uma imensa massa de **proletários urbanos** – proporcionalmente insignificante se comparada à população rural. Formou-se, assim, um "semiproletariado", composto por camponeses pobres que arrendavam terras pagando de 80% a 90% da produção e que viviam sob uma exploração brutal.

Esse era o panorama que se configurava entre os séculos XIX e XX e que possibilitou a construção de uma imagem relativa e parcial da China como um país de população faminta, atrasada, com multidões de camponeses pobres, subnutridos e de baixa estatura. A população era vista como miserável, empregada a troco de quase nada, imigrada para substituir os escravos nas colônias britânicas em seus trabalhos duros e permanentemente aviltada, sobrevivendo por meio do consumo do ópio.

XI. *Até então, a terra apresentava um caráter coletivo na China: pertencia à comunidade ou ao Estado e era explorada pelos camponeses em troca do pagamento de uma quantidade da produção, oferecendo-se alguns serviços públicos, como irrigação, segurança, proteção e construção de canais. Tais obras eram fortemente relacionadas à "hipótese causal hidráulica" do modo asiático de produção: a larga escala e a organização pelo Estado geravam a capacidade de produzir excedentes econômicos que possibilitavam o padrão de vida chinês (Amin, 1981).*

XII. *Nas análises e taxionomias das classes sociais na China, Mao Tsé-tung (Mao Zedong segundo a grafia chinesa atual) identificou esses burocratas e comerciantes como uma categoria social específica: a burguesia compradora.*

Com a abertura da China, surgiu um novo setor – que poderíamos chamar de *moderno* –, constituído por pessoas formadas nas missões religiosas cristãs com uma educação ocidental e em contato com as produções intelectuais ocidentais, não só as cristãs, mas também as ilustradas e críticas ao capitalismo. Desse contato e da assimilação cultural emergiu uma síntese ou um hibridismo sino-cristão responsável por uma insurreição dos taipings que quase provocou a derrocada da dinastia reinante para instalar o "Reino dos Céus" na China.

Nesse contexto, surgiu na China, no início do século XX, um médico de formação ocidental educado nas missões cristãs e no exterior que reagiu à degradação em que o país se encontrava – era o nacionalista e revolucionário Sun Yat-sen. Ele foi um dos líderes do movimento revolucionário, democrático e nacionalista chinês fundado em 1905, o **Guomintang**. Esse movimento apresentou um caráter democrático e buscou a reunificação nacional do território e da sociedade.

1.4.2 A República e suas vicissitudes

A desagregação e a degradação das autoridades chinesas eram de tal ordem que, em 1911, o Império Chinês foi derrubado e substituído por uma República presidida por Sun Yat-sen. No entanto, a divisão do país era tão violenta – com a diluição e a fragmentação do poder entre os comandantes militares regionais – e as diferenças regionais se tornaram tão grandes que o *Guomintang* não conseguiu unificar a China sob seu governo. Com a fragmentação chinesa, generais do antigo exército imperial tornaram-se os famosos senhores da guerra, que tinham exércitos próprios e governavam arbitrariamente grandes áreas. Conforme Losurdo (2010, p. 303), "entre 1911 e 1928, ocorreram 1.300 guerras entre os senhores da guerra [...], às vezes apoiados por esta ou aquela potência. [...] as guerras civis entre 1919 e 1925 podem ser consideradas como as novas guerras do ópio [...], pelo controle da sua produção e de seu transporte".

E quem eram os senhores da guerra? Eram ditadores que dominavam regiões inteiras como senhores absolutos e que impunham autoridade progressivamente por meio do saque do tesouro, da cobrança de tributos e da venda de concessões aos capitais europeu, estadunidense e japonês, o que intensificou a ocupação da China por tais capitais. Yuan Shikai, marechal do exército manchu, teve um papel de destaque entre os senhores da guerra. Com a renúncia de Sun Yat-sen, proposta por seus partidários em 13 de fevereiro de 1911, Yuan Shikai assumiu o posto. Entrou em conflito com as tropas do *Guomintang*, derrotando-as e obrigando o parlamento instalado a elegê-lo presidente. Dissolveu o *Guomintang* e cassou o mandato dos deputados, além de aprovar poderes extraordinários (Spence, 1995).

Durante a Primeira Guerra Mundial, o Japão atacou e ocupou a concessão alemã de Shandong e, em 1915, apresentou ao governo chinês uma série de reivindicações conhecidas como *As Vinte e Uma Exigências*, que, uma vez aplicadas, transformariam a China em uma colônia efetiva. Em dezembro de 1915, Yuan foi proclamado imperador por uma assembleia. Em vez de uma república, foi instaurado um novo império com uma nova dinastia, interrompida em junho de 1916 com a morte do seu titular e fundador. Imediatamente, tentou-se a restauração da dinastia anterior, o que foi impedido por comandantes rivais. Com esse acontecimento, o poder dos senhores da guerra e a fragmentação territorial do antigo Império do Meio se efetivaram.

Em 1918, ao fim da Primeira Guerra Mundial, o Japão pressionou para que mais concessões fossem feitas pela China. Isso provocou, em 1919, uma rebelião estudantil, o Movimento 4 de Maio, que atingiu Pequim e outras grandes cidades, como Nanquim, Xangai e Hong Kong. Tais manifestações eram uma reação às pressões japonesas e reivindicavam a unificação da China e a eliminação das concessões realizadas aos estrangeiros, representando um levante tipicamente nacionalista[XIII].

(1.5)
A DOMINAÇÃO OCIDENTAL NA ÍNDIA E NO SUDESTE ASIÁTICO

Na Ásia, a dominação ocidental avançou mais rapidamente no século XIX, com a passagem do modelo de entrepostos costeiros para a posse de grandes extensões coloniais. Os principais impérios europeus na Ásia foram constituídos por Inglaterra, França e Holanda e que tiveram como principais bases, respectivamente, a Índia, a Indochina e a Indonésia. Contudo, outros impérios menores também estavam na região – como as Filipinas espanholas – e houve a presença de outros países com interesses imperialistas, como os Estados Unidos e a Alemanha.

XIII. Mao Tsé-tung, então um jovem estudante, funcionário de uma biblioteca de Pequim, participou desse levante. Posteriormente, ele assumiu a direção do Partido Comunista, permanecendo nela até a vitória da Revolução Chinesa e a implementação da República Popular, em 1949. Suas teses a respeito do caráter da revolução e das classes sociais nela envolvidas eram originais e absolutamente diferentes das teses defendidas pela III Internacional.

No século XIX, os ingleses conquistaram sistematicamente o território da Índia. Entre 1784 e 1858, a Companhia das Índias Orientais Britânicas capitaneou a conquista de diferentes regiões do território indiano. Para alcançar seus objetivos, contava com um exército de 200 mil soldados indianos chamados de *cipaios*, sob o comando de oficiais britânicos. No processo de conquista, a Companhia expropriou poderes e soberanias, além de ocasionar mudanças políticas e culturais de ocidentalização que provocaram reações da população nativa. Na economia, implementou várias transformações que prejudicaram e empobreceram a população da Índia, como a liberdade de comércio e a redução das tarifas alfandegárias, que favoreceram a indústria têxtil inglesa.

Entre 1857 e 1858, ocorreram levantes e revoltas caracterizadas por extrema violência recíproca e que foram cruciais para a história da colonização indiana. Suas origens remontam ao problemático recrutamento de soldados de castas e de tribos inferiores juntamente a soldados de castas superiores. Também foi responsável por isso o desrespeito a normas fundamentais no sistema de castas indiano: comensalidade (hábitos e regras de alimentação) e poluição ritual e de interditos – como o que impedia os brâmanes de viajar pelo mar. O fato deflagrador da revolta foi a utilização de gordura animal (bovina ou suína) na impermeabilização de cartuchos de novos fuzis Lee-Enfield pelas tropas de cipaios, que se recusavam a usá-los. O contato com tal produto era considerado sacrilégio pelos hindus, que cultuam os bovinos e não aceitam o consumo ou o contato com sua carne, e gerou revolta entre os muçulmanos, que consideravam os porcos animais contaminados.

Em maio de 1857, teve início o motim em Meerut. Os amotinados marcharam para a capital, Déli, onde encontraram aderentes, e exigiram a restauração do poder do imperador Mogul, massacrando europeus e cristãos indianos. A reação britânica, utilizando tropas constituídas por populações tribais, foi brutal. Após a vitória, foram reorganizados os exércitos com soldados de tribos que passaram a ser identificadas como guerreiras (*sikhs* e *gurkhas*), enquanto hindus e muçulmanos foram excluídos do recrutamento. A mais importante consequência foi que, em 1858, a Coroa Britânica assumiu o governo, designando autoridades subordinadas ao Estado metropolitano e abolindo a soberania local da Companhia das Índias. Com a constituição do Império da Índia, em 1877, a Rainha Vitória foi consagrada imperatriz em Londres.

O Império Inglês foi construído a partir da dominação da Índia. O último Estado independente na Índia, o Reino de Punjab, foi conquistado e anexado em 1848. Daí em diante, a Revolta dos Cipaios (1857-1858) realizou uma grande tentativa de resistir ao domínio britânico, mas foi esmagada. Até o fim da Primeira Guerra Mundial, a Índia era uma possessão da Inglaterra, supervisionada pelo Parlamento Britânico, que a controlava por meio de um governo colonial, de um serviço civil altamente organizado e de tropas militares. Os ingleses mantinham o monopólio das atividades econômicas dos indianos e financiavam a construção de estradas de ferro e linhas telegráficas. Em 1919, a Inglaterra concordou em conceder certa independência ao governo na Índia, até a independência total em 1947. A Inglaterra montou, assim, um hábil sistema de império, no qual se articulava com poderes tradicionais indianos em algumas regiões, de modo a manter a divisão da Índia e garantir seu domínio (Panikkar, 1977).

No início do século XIX, toda a Península da Indochina foi dividida entre França e Inglaterra. Em 1882, a França travou uma guerra de conquista da Indochina. Em 1885, declarou guerra à China, que até então tivera controle sobre a região, e anexou o Aname e o Camboja em 1886. A região conhecida atualmente como *Vietnã* foi a principal base de sustentação do imperialismo francês na Ásia no século XX. Por outro lado, o Sião – atual Tailândia – sobreviveu como território independente, mas teve de aceitar restrições da sua soberania, como a extraterritorialidade e a limitação de direitos alfandegários, como Estado-tampão entre os Impérios Britânico e Francês em expansão.

A resposta japonesa à dominação ocidental – com a abertura forçada do Japão em 1853 – foi a Revolução Meiji (1868), por meio da qual se efetuaram a restauração do poder imperial japonês e o enfraquecimento do sistema de xogunato. Com a Revolução Meiji, o Japão modernizou sua economia e suas instituições e procurou, em uma ação rápida, alcançar o *status* de potência regional. A ação expansionista japonesa trouxe para o cenário do Extremo Oriente um novo competidor, que também serviu como exemplo para outros países.

Síntese

Neste capítulo, tratamos da partilha dos continentes asiático e africano realizada pelas potências imperialistas. Analisamos, ainda, os diferentes mecanismos da conquista e da dominação – mecanismos de penetração e conquista e de subordinação e exploração dessas regiões aos interesses metropolitanos. Especificamente sobre o continente africano, discutimos as rivalidades das potências europeias e o papel da Conferência de Berlim na divisão do litoral, bem como suas consequências para a interiorização da conquista. Examinamos também a questão das diferentes formas de resistência apresentadas pelos povos locais da Ásia e da África aos processos de conquista e dominação.

Questões para revisão

1) Qual foi a importância da Conferência de Berlim para a dominação da África?

2) Como as Guerras do Ópio colaboraram para a dominação na China?

3) Classifique as seguintes afirmações como verdadeiras (V) ou falsas (F):

( ) Os principais impérios europeus na Ásia, a partir do século XIX, foram constituídos por Inglaterra, França e Holanda e que tiveram como principais bases, respectivamente, Índia, Indochina e Indonésia.

( ) Na África, o processo de dominação envolveu a integração dos territórios à economia capitalista industrial, criando-se a propriedade privada da terra e implementando-se o trabalho assalariado. Dessa forma, os territórios e as populações foram transformados em fornecedores de insumos agrícolas e minerais e em consumidores de produtos manufaturados.

( ) O Império Português na África não apresentava descontinuidade territorial entre a costa do Oceano Atlântico e a do Oceano Índico.

( ) O Sião (atual Tailândia), para evitar sua incorporação aos Impérios Britânico e Holandês, integrou-se à Birmânia.

( ) A expansão imperial da Inglaterra e da França na África quase provocou um conflito entre esses dois países na região de Fachoda, no Alto Nilo.

4) Marque a opção que completa a frase corretamente:

A Conferência de Berlim (1884-1885) teve como principal objetivo realizar uma divisão de esferas de influência no continente _____.

( ) asiático
( ) africano
( ) europeu

5) Marque a opção que completa a frase corretamente:

A _____ montou um hábil sistema de império, no qual se articulava com poderes tradicionais e o sistema de castas indianos em algumas regiões, de modo a manter a divisão da Índia e garantir seu domínio.

( ) Alemanha
( ) França
( ) Inglaterra

Questões para reflexão

1) A difusão do consumo de ópio na China foi um elemento viabilizador da dominação britânica, que vendia o produto. O tráfico de drogas na atualidade poderia também ser considerado como uma forma de dominação das grandes potências sobre os países mais pobres? Reflita.

2) A escravidão foi amplamente usada na formação do capitalismo contemporâneo, mesmo após o surgimento do discurso humanitário. Reflita sobre isso.

3) Muitas empresas multinacionais mundialmente conhecidas na atualidade participaram da exploração e da dominação da África a partir do século XIX. Realize uma pesquisa para identificar algumas delas.

Para saber mais

PANIKKAR, K. M. **A dominação ocidental na Ásia**: do século XV aos nossos dias. Rio de Janeiro: Paz e Terra, 1977.

Trata-se de um livro clássico sobre a inserção da Ásia no sistema internacional moderno. Com uma linguagem clara e acessível, são examinadas as estratégias de dominação europeia na região, bem como as diferentes formas de resistência dos povos e países asiáticos.

WESSELING, H. L. **Dividir para dominar**: a partilha da África (1880-1914). Rio de Janeiro: Ed. da UFRJ; Revan, 1998.

O livro trata de um período emblemático para a história africana e mundial – a fase em que ocorreu a partilha da África pelas potências colonizadoras europeias. O autor descreve e analisa como as diferentes regiões da África foram ocupadas pelos europeus e como se caracterizou a resistência dos africanos a esse processo.

Capítulo 2

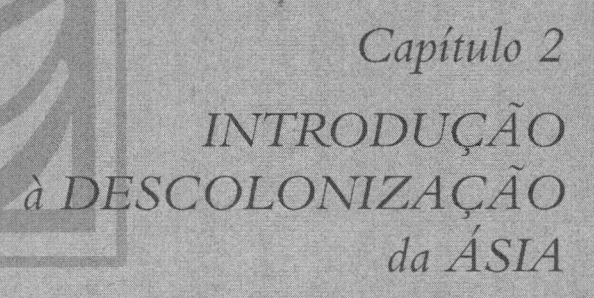

INTRODUÇÃO à DESCOLONIZAÇÃO da ÁSIA

Conteúdos do capítulo

- Introdução ao estudo da descolonização da Ásia.
- Antecedentes históricos e causas da descolonização.
- Processo de descolonização das Filipinas, da Indonésia, da China e do Vietnã.
- Revolução Chinesa.
- Conferência de Bandung e articulação dos novos países independentes.

Após o estudo deste capítulo, você será capaz de:

1. compreender os antecedentes históricos e as causas da descolonização asiática;
2. analisar o impacto da Segunda Guerra Mundial no processo de descolonização;
3. comparar as formas de descolonização em diferentes países da Ásia;
4. entender a importância da Conferência de Bandung para a cooperação Sul-Sul e a articulação dos novos países independentes.

(2.1)
As bases e os antecedentes do processo de descolonização

A **descolonização** engloba as **independências** ou conquistas de **soberania política** (autogoverno) por populações que foram dominadas pelas potências europeias entre o fim do século XIX e o início do século XX. Esse processo assumiu basicamente duas formas: a conquista pelos colonizados e a concessão pelas metrópoles. De acordo com a forma de se chegar à independência, tem-se em um primeiro momento, o modelo social, político e econômico das regiões que alcançaram a soberania, para, posteriormente, buscar-se a soberania total ou a manutenção da subordinação ao neocolonialismo.

A independência política é o resultado da luta das populações coloniais, mas está diretamente relacionada a outros processos, como o desenvolvimento capitalista, a importância estratégica e econômica das colônias, a posição das metrópoles no contexto mundial e o nível de desenvolvimento econômico das burguesias metropolitanas, enquadrados na bipolarização e na Guerra Fria, no cenário global de meados do século XX. Como a descolonização não é fruto da pura vontade nem do acaso ou da espontaneidade, é necessário reconstituirmos, em linhas gerais, sua historicidade.

Os antecedentes da descolonização afro-asiática nos remetem a progressos que são anteriores e contemporâneos à colonização. Esses representam a luta contra a dominação colonial em outras situações do contexto da expansão capitalista, seja na busca por soberania, seja na forma de resistência à imposição da dominação e da integração colonial. Podemos classificar os antecedentes em uma cronologia conforme a ordenação que segue:

a. **Independência das colônias americanas** – Ocorrida na etapa da crise do mercantilismo e da emergência do capitalismo industrial, descortinou a possibilidade da conquista de soberania e autonomia pelas populações dominadas colonialmente por metrópoles distantes. A sobrevivência das novas nações independentes é um paradigma para os processos de descolonização posterior.

b. **Resistência à imposição da realidade colonial** – Esse foi um processo que se desenvolveu paralelamente à expansão do imperialismo, de maneira tanto informal como formal. Assumiu diferentes formas, de acordo com a tradição, a estrutura, a evolução das forças sociais e políticas locais e o desenvolvimento econômico. Algumas resistências fracassaram (cipaios na Índia; taipings, boxers e mandarins na China; e notáveis locais no Vietnã) em virtude do tradicionalismo ou da incapacidade de se proporem alternativas ao processo de conquista e à deposição da dominação colonial. A frustração teve efeitos ideológicos importantes para a consolidação das forças conquistadoras. Outros movimentos foram vitoriosos na readequação regional para enfrentar os colonizadores, criando paradigmas e neutralizando a superioridade metropolitana (como a Restauração Meiji japonesa). Ambas as formas de resistência foram exploradas pelos defensores da descolonização com a finalidade de conquistar "corações e mentes" e despertar orgulho e dignidade na colônia.

c. **Movimento indiano do Partido do Congresso** – Fundado no século XIX, esse partido evoluiu da reivindicação de participação na gestão dos assuntos coloniais por parte das elites nativas, promovendo, assim, a luta pela independência política e pela democratização da sociedade indiana. Sua história é a da criação de condições de ingovernabilidade por parte da metrópole e da unificação de segmentos dispersos da sociedade para reivindicar a soberania absoluta.

d. **Movimento de renascimento e reforma do Islã** – Surgido no fim do século XIX no Egito e tendo como fundamento as ideias do intelectual muçulmano Al-Afghani[1], esse movimento foi uma reação ao domínio imperial e uma resposta aos desafios do desenvolvimento. Ainda que restrito a uma cultura e a uma religião específicas, teve ampla penetração e expansão geográfica, estabelecendo laços e apontando caminhos aos muçulmanos do norte da África ao Extremo Oriente.

e. **Evolução das colônias de povoamento britânicas para a condição de domínios** – Essa evolução constituiu um patamar de autonomia e autogoverno local que avançou progressivamente rumo à soberania plena e à associação na Comunidade de Nações (*Commonwealth of Nations*), que inicialmente tinha um mesmo chefe de Estado.

f. **A Revolução que derrubou o Império Chinês e proclamou a República na China** – Embora estejamos listando esse antecedente por último, ele não é menos importante que os demais. Apesar de se mostrar inicialmente incapaz de conquistar a soberania total, a República da China baseava-se em um programa de autogoverno, de recuperação da dignidade

---

1. Esse movimento deu origem à Irmandade Muçulmana, que existe até a atualidade.

e de reformas sociais profundas, estabelecendo-se como um modelo para a maioria dos movimentos nacionalistas coloniais.

É importante atentarmos, contudo, para o fato de que esses antecedentes não seriam eficazes por si mesmos. A "inspiração" provocada por eles resultaria apenas em um voluntarismo e um anseio, caso não ocorressem as condições causais objetivas e concretas que possibilitaram a realização da conquista da independência. Essas condições objetivas surgiram da própria evolução colonial e do capitalismo imperialista, bem como das contradições por ele geradas. Podemos denominá-las de *causas da descolonização*, examinadas na próxima seção.

(2.2)
As causas da descolonização

Os antecedentes históricos da descolonização nos apresentam exemplos e possibilidades complexos e contraditórios, marcados pela resistência à colonização. No fim das contas, tais antecedentes, embora insuficientes, forneceram historicidade, bases ideológicas e exemplos políticos para o enfrentamento pelos nativos da dominação e da exploração imperialista. O próprio resultado é relacionado ao nível interno do desenvolvimento das sociedades agredidas e ao estágio do desenvolvimento capitalista, da divisão internacional do trabalho e da expansão imperialista europeia. Dadas as condições gerais do desenvolvimento capitalista, a integração mundial da economia com a divisão do trabalho, da produção e do consumo e as necessidades do capitalismo imperialista, os antecedentes não foram eficientes para a conquista da soberania e da autodeterminação de populações coloniais. Para isso, foram necessárias a emergência de novas contradições do capitalismo, bem como a integração dos povos asiáticos e africanos à economia mundial.

Para percebermos melhor as causas da descolonização, podemos classificá-las, explicitá-las e integrá-las ao processo global, no qual não apenas os fatores internos (locais), mas também os fatores externos (contradições imperialistas) são retroalimentadores dinâmicos e em permanente superação, estabelecendo um processo de unificação. A seguir, traçamos um esboço das principais causas da descolonização.

2.2.1 A RESISTÊNCIA COLONIAL

Um aspecto permanente e multifacetado, que esteve presente em todo o período da dominação colonialista e assumiu formas econômicas, políticas e ideológicas, foi a resistência colonial. Sua explicitação foi descontínua e virulenta. Progressivamente, no entanto, a resistência passou do aspecto local e eventual para o nacional e processual, sistematicamente centrada nos campos político e econômico, dada a integração das colônias ao mercado mundial. Sua apropriação e tradução pelos nacionalistas foi um elemento de **unificação e integração de reivindicações de grupos díspares** em face das forças e das imposições metropolitanas.

2.2.2 OS PROGRESSOS DO PROCESSO COLONIAL

Ao erodirem as comunidades anteriores e imporem uma unidade econômica, política, social e étnica, os progressos do processo colonial romperam as particularidades locais, corroeram as rivalidades entre as comunidades nativas e seus laços orgânicos de organização e passaram a integrar seus membros à nova realidade de subordinação ao mercado mundial, mediada pelo colonialismo. À medida que a dominação colonial avançava, impondo a subordinação dos povos aos agentes da metrópole, a produção em larga escala para o mercado externo e a ideologia metropolitana incorporavam, em um todo orgânico, o que anteriormente era fragmentado. Por meio dos sistemas de comunicação, das *plantations*, da mineração exportadora e do estabelecimento de portos, a dominação incorporava e integrava regiões e populações de uma área e subordinava-as ao mercado mundial.

Ao possibilitar a emergência de burguesias locais e de proletariados rurais e urbanos, a colonização estabeleceu as bases para uma **nacionalidade** que percorria os caminhos das vias de transporte-exploração impostas pelas metrópoles. Outro elemento fundamental foi a **"ocidentalização" ideológica** possibilitada pela educação imposta pelas metrópoles e pela adoção de uma língua colonial, com os objetivos de criar uma comunicação-dominação melhor e um grupo de cooperadores locais. Isso possibilitou que as populações nativas, subordinadas política e economicamente, se apoderassem de instrumentos eficazes de integração e de crítica. Ao mesmo tempo que foi introduzida como instrumento de dominação, a própria ideologia das metrópoles terminaram por voltar-se contra elas, pela apropriação-interpretação dos nativos.

2.2.3 A Primeira Guerra Mundial

As regiões e as populações coloniais estiveram envolvidas na Primeira Guerra Mundial. As colônias foram instrumentalizadas pelo esforço de guerra metropolitano, e parte das populações foi usada como soldados ou como mão de obra nas próprias metrópoles. O contato com a disciplina e com os equipamentos militares, além da vida metropolitana, possibilitou a **educação política** de grupos constituídos por nativos não beneficiados pelas "migalhas" da exploração colonial, que exigiam a compensação de seus sacrifícios, de sua miséria e de sua exploração. Estes contariam com a instrução militar e a disciplina adquiridas na guerra.

Por outro lado, a Primeira Guerra Mundial provocou também o rompimento da ideia de **unidade** até então projetada do "homem branco" solidário na dominação dos "homens de cor" e expôs as contradições internas do imperialismo e a importância das colônias para as metrópoles. Os "14 pontos de Wilson" para a paz, propostos pelo então presidente dos Estados Unidos Woodrow Wilson, ao defenderem a autodeterminação dos povos na Europa Central e Oriental, acabaram se tornando uma crítica ao colonialismo e um instrumento legitimador da luta anticolonial. Ao fim do conflito global, os nativos haviam tomado consciência de que os europeus não eram superiores e de que a miséria e o atraso das colônias poderiam ser revertidos com a expulsão daqueles que as haviam subjugado e explorado. Essa conscientização, embora tênue, extrapolou os grupos educados, alcançando outras populações pelas vias de comunicação que integravam os territórios coloniais aos portos e às cidades da administração.

2.2.4 A Revolução Soviética e a Terceira Internacional

Notamos uma influência poderosa da Revolução Soviética e da Terceira Internacional sobre as regiões colonizadas no contexto da Primeira Grande Guerra: pelo exemplo de seu sucesso, pela emancipação de certas regiões dominadas pelo Império Russo ou pelo caráter asiático de parte de sua sociedade. Seu **anticapitalismo** e suas propostas de organização social ofereceram uma alternativa aos polos anteriores do espectro político a que se limitavam as possibilidades dos colonizados. Seu projeto de emancipação universal gerava a possibilidade de equidade, justiça e bem-estar para todos. A internacionalização inicial da Revolução Russa e o impacto da Terceira Internacional transformou-as em polos e meios para a unificação dos nativos dos diferentes impérios e regiões na luta pela emancipação.

2.2.5 O imperialismo japonês

No Japão, o imperialismo caracterizava-se por uma ambiguidade que o aproximava do neocolonialismo estadunidense. Desde a segunda metade do século XIX, o Japão constituíra-se vitorioso na reação e na resistência ao imperialismo europeu. Com a Restauração Meiji, conseguiu se livrar da ocupação colonial, limitar-se a concessões – progressivamente anuladas – e transformar-se em uma potência regional. Ao fim do século, a adoção da modernização apresentava resultados positivos e obrigava os colonialistas a considerá-lo um parceiro antagônico. As vitórias sobre o Império Russo (1904-1905) e sobre a parte asiática do Império Alemão, na Primeira Guerra Mundial, projetaram-no como potência competidora. Seu rápido desenvolvimento era um exemplo a ser seguido pelas elites nativas maiores e mais importantes. Ao contrário da Revolução Soviética, a Restauração Meiji não apresentava a possibilidade efetiva de emancipação e autodeterminação dos povos coloniais, mas negava as bases ideológicas que legitimavam a dominação e a exploração europeias.

O sucesso japonês explicitava que **objetividade** (condições materiais) e **subjetividade** (vontade e esforço) não somente impunham limites ao colonialismo europeu como também podiam transformar os objetos do imperialismo em potências concorrentes. Dada sua projeção regional, esse processo apoiava movimentos nacionalistas similares ao seu modelo e procurava instrumentalizá-los contra seus oponentes. Na década de 1930 – na esteira da grande depressão econômica mundial –, o Japão propôs a constituição de uma **"esfera de coprosperidade asiática"**, em que as sociedades do Extremo Oriente se integrariam de forma próxima ao neocolonialismo, com uma hierarquia e uma divisão internacional do trabalho que excluiria os europeus, algo vital à realização do projeto. Dessa forma, o Japão e as elites coloniais seriam beneficiados, além do fato de que a unidade construída sob os auspícios da Terceira Internacional e com bases populares estaria ameaçada.

No contexto da Segunda Guerra Mundial, foi possível a implementação ampla, mas pouco profunda, do projeto japonês, com a rápida ocupação das colônias europeias, o que gerou efeitos contraditórios. Os "homens brancos" foram derrotados, sendo excluídos ou tornados subalternos. O imperialismo europeu resistiu apenas em lugares onde obteve a cooperação nativa em troca de concessões amplas para o fim do conflito. Elementos da população nativa foram promovidos pelos japoneses a cargos e funções administrativas, criando-se, assim, uma burocracia minimamente capacitada. O Japão desmoralizou seu projeto anterior e buscou implementar uma superexploração para financiar seu esforço de guerra.

Nas condições dadas, o Japão erodiu a autoridade imperial, criou um antagonismo nas populações nativas e, ao fim da Guerra, para impedir o retorno das metrópoles, apoiou sua independência, colocando colaboradores no governo. Objetivava com isso impedir o retorno dos europeus, bloquear o acesso das guerrilhas de resistência ao poder e, finalmente, manter a sobrevivência de uma esfera solidária no futuro. Ao fim, o Japão se viu obrigado a ceder espaço à resistência nacionalista de esquerda, que criou imensos obstáculos à reimplantação colonialista no pós-guerra.

2.2.6 A Segunda Guerra Mundial

Com a Segunda Guerra Mundial, houve um refluxo metropolitano maior que o ocasionado pelo conflito mundial anterior. As regiões que não foram dominadas por Japão, Itália e Alemanha tiveram de auxiliar intensamente as metrópoles e estabelecer meios para suprir suas necessidades. Isso provocou o início da **industrialização por substituição de importações** e a orientação de grande parte da economia para o mercado interno em diversas áreas. Uma vez que a guerra teve a Europa e o Extremo Oriente como palcos e suas populações como atores, ela também trouxe efeitos fundamentais para a descolonização. No Extremo Oriente, no Oriente Médio e na África, as populações participaram não apenas do esforço econômico, mas também do militar e, armadas e treinadas, voltaram-se contra os europeus. Ao fim da guerra, as potências europeias estavam enfraquecidas e deslocadas a uma posição secundária.

As duas novas potências que emergiram do conflito, Estados Unidos e União Soviética, embora fossem opostas, eram ambas anticoloniais. Como resultado do antagonismo total entre os dois modelos, do vazio relativo deixado pela Europa e da capacidade das superpotências, surgiu um sistema mundial de características novas e sem espaço para o colonialismo. Na esteira da **bipolarização**, emergiu uma corrida pelo espólio colonial na busca por aliados, disso resultando uma forte pressão pela descolonização e pela adoção de novos modelos de organização socioeconômica. A necessidade de a Europa recuperar as colônias e utilizá-las como base do financiamento da sua reconstrução encontrou restrições pelo novo quadro mundial de bipolarização e pelas restrições soviético--estadunidenses ao colonialismo.

2.2.7 A ascensão estadunidense à posição de potência hegemônica mundial

A pressão feita pelos interesses da burguesia monopolista estadunidense sobre os limites impostos pelo imperialismo foi fruto da Segunda Guerra. A riqueza estadunidense, a escala de sua capacidade produtiva, a fartura de capitais, a tutela sobre o "mundo livre", suas necessidades estratégicas, bem como a organização de suas corporações transnacionais exigiam e exigem a garantia da livre circulação de investimentos e mercadorias. O colonialismo era um obstáculo à realização dessas necessidades, o que gerou a pressão, por parte dos Estados Unidos, para substituir o colonialismo pelo **neocolonialismo** – com soberania e autogoverno dos países. Os retrocessos da política anticolonial estadunidense estariam vinculados à associação das independências nacionais a revoluções socialistas e à aproximação com Moscou. Os interesses empresariais privados e a percepção geopolítica de um mundo bipolar em conflito foram outros desencadeadores do retrocesso estadunidense e do seu apoio, em certos casos, a potências coloniais, como ocorreu no Irã, no Vietnã, na Malásia e na África do Sul – áreas vitais para a estratégia dos Estados Unidos.

2.2.8 O desenvolvimento do capitalismo europeu

Após a Segunda Guerra, um setor da burguesia amadureceu, o que o capacitou a adotar o neocolonialismo. Esse setor demandava a substituição da dominação direta por relações econômicas privilegiadas, assim como encontrava apoio em setores metropolitanos preocupados com o desgaste e com o custo de manutenção da dominação colonial. De modo geral, os grandes grupos empresariais dinâmicos europeus viam no colonialismo os mesmos obstáculos que os monopólios transnacionais estadunidenses viam, mesmo tendo crescido à sombra do privilégio colonial. Esse conjunto de causas explica a rapidez e a intensidade do nacionalismo anticolonial, bem como o radicalismo de algumas emancipações que derrotaram a subordinação colonial e levantaram questões relacionadas ao desenvolvimento interno e à dependência, em face da economia mundial polarizada pela Guerra Fria e dominada pela projeção mundial dos interesses monopolistas transnacionais.

A emancipação asiática em relação ao imperialismo ocidental foi o processo mais longo, mais complexo e mais diversificado de recuperação e/ou instauração da soberania nativa dos tempos contemporâneos. Durou desde a criação do Partido do Congresso Indiano e da guerra de independência das Filipinas – contra o remanescente império mercantilista e salvacionista da Espanha –, no fim do século XIX, até a reunificação do Vietnã, em 1975. Sua complexidade está relacionada às transformações do contexto das relações mundiais e à sua inserção nos confrontos expansionistas das estratégias das grandes potências pré-1945, bem como à lógica da Guerra Fria.

A diversidade de seus processos, por sua vez, tem origem nos diferentes projetos nacionalistas – que variavam das revoluções nacionalistas anticoloniais às revoluções nacionais e sociais, passando pela recuperação histórica de valores e de estruturas locais e por movimentos de reforma religiosa que perpassaram ou formaram os fundamentos dos movimentos libertadores. Tal diversidade e complexidade se refletiram fortemente nas trajetórias dos Estados independentes.

A melhor forma para visualizarmos a descolonização da Ásia é considerarmos os impérios europeus constituídos na região, seus movimentos emancipacionistas e o resultado imediato de sua descolonização. Tal processo deve ser relacionado ao desafio imperialista japonês do entreguerras e da Segunda Guerra Mundial, bem como a seus diferentes efeitos nas colônias, o que se vincula ao caráter dos movimentos nacionalistas. A China, em virtude das peculiaridades de sua subordinação, constituída em "hipercolônia" – segundo Sun Yat-sen, um dos líderes do *Guomintang* e primeiro presidente da República da China – ou em esferas de influência semicolonial, sem perder sua soberania nominal, é um caso à parte, e devemos entender sua emancipação como um processo de unificação nacional e de revolução social.

(2.3)
OS PRIMEIROS PROCESSOS DE INDEPENDÊNCIA

Ao fim da Segunda Guerra Mundial, iniciou-se um ciclo de independência das regiões coloniais que alcançou, entre 1944 e 1945, várias colônias do Oriente Médio e da Ásia. Nesse processo, foram fundamentais as promessas de autonomia, por parte das metrópoles aliadas, em troca de apoio ou de neutralidade na luta contra o Eixo, assim como o incipiente desenvolvimento econômico autocentrado e o crescimento dos movimentos anticoloniais: o pan-islamismo, o pan-arabismo, o nacionalismo e o socialismo. Dadas a fraqueza das metrópoles e a participação política, econômica e militar das populações nativas no esforço de guerra, a descolonização, apoiada pela União Soviética e pelos Estados Unidos, tornou-se inevitável.

O primeiro conjunto de países descolonizados encontrava-se no Oriente Médio. Os movimentos pan-arabistas e nacionalistas preparavam o caminho desde antes da Segunda Guerra. A independência desses países foi viabilizada pelo estabelecimento de alianças com as oligarquias conservadoras e da fragmentação das populações. Isso tornou explosiva a situação social e permitiu a emergência de movimentos e tendências social e nacionalmente revolucionárias.

A independência da Palestina, com sua divisão entre os nativos e a população do Lar Nacional Judaico[II], gerou uma situação problemática e conflituosa que culminou na Primeira Guerra Árabe-Israelense. O resultado foi a vitória dos últimos e a expulsão dos árabes palestinos de parte do território. A importância estratégica e energética da região do Oriente Médio transformou-a em uma área de disputa da Guerra Fria – um fator de instabilidade e bloqueio às possibilidades de desenvolvimento autocentrado. Resultou daí o suporte às monarquias conservadoras e à sua sobrevivência.

Outra região que alcançou a independência no imediato pós--guerra foi o Extremo Oriente, onde os impérios se desfizeram

---

II. *Núcleo que deu origem ao território do Estado de Israel.*

rapidamente e a situação semicolonial da China foi abolida, reconhecendo-se a plena soberania daquele país. A independência das colônias da região foi uma consequência imediata da situação provocada pela Segunda Guerra, que catalisou as causas anteriormente descritas. O expansionismo imperialista japonês teve um papel importante: ao cooptar segmentos da burguesia nativa, levou a uma luta autônoma pela libertação nacional (antieuropeia e depois antijaponesa), desmoralizando, assim, os europeus. Ao fim da Guerra, a maior parte da região havia sido liberta pelo esforço próprio da resistência nacionalista e socialista, com o apoio dos comunistas asiáticos. O papel preponderante dos Estados Unidos no *front* da guerra no Pacífico colocou o país em uma posição impositiva em relação a seus aliados, que não podiam mais ignorar sua posição anticolonialista e sua pujança econômica. Embora Grã-Bretanha, França e Holanda tentassem protelar ou anular a independência de suas colônias, esses países tiveram de lidar com as promessas realizadas durante a guerra, com a resistência armada nativa sob influência dos comunistas e com o exemplo estadunidense nas Filipinas.

2.3.1 A INDEPENDÊNCIA DAS FILIPINAS

A independência das Filipinas aconteceu em 1946, após 352 anos de subordinação imperial. Durante esse período, o arquipélago passou pelas mãos de três impérios de cortes diferenciadas: o espanhol, de caráter mercantilista e salvacionista-cristão, responsável pelo catolicismo filipino; o estadunidense, que desenvolveu políticas que possibilitavam uma independência neocolonial; e o japonês, que ocupou e explorou a região como fonte de matérias-primas para seu esforço de guerra e que prometia integrá-la à "esfera de co-prosperidade asiática".

O movimento emancipacionista filipino, de cunho nacionalista e marcadamente de classe média, deu início, em 1886, a uma luta aberta contra a dominação espanhola. Sua vitória foi "atropelada" pela Guerra Hispano-Americana do fim do século XIX e pela cessão de direitos aos Estados Unidos. A permanência da reivindicação da independência provocou uma ação militar estadunidense acompanhada da ocupação do território. Essa dominação evoluiu para uma posição de *dominion* (típica das colônias de povoamento britânicas), com o estabelecimento de uma Constituição e de um autogoverno interno, em 1935. Tal política previa, para um futuro não distante, a concessão da independência e o uso do arquipélago como uma base para a presença na região.

O ataque japonês à base estadunidense de Pearl Harbor, no Havaí, em 1941, está na origem da ocupação nipônica do arquipélago. Durante a Segunda Guerra, nacionalistas filipinos, com os remanescentes das forças estadunidenses, lutaram contra os japoneses no interior do país. A ofensiva dos Estados Unidos transformou o arquipélago, progressivamente, em uma base na luta contra os japoneses. A independência foi proclamada em 1946, mas o país havia se tornado uma grande base naval estadunidense, fortalecida na Guerra Fria. Até 1953, enfrentou um forte movimento comunista de base camponesa. Da independência até a década de 1980, a dinâmica política filipina ficou atrelada ao quadro bipolar da Guerra Fria.

(2.4)
A DESCOLONIZAÇÃO DA ÍNDIA PELO IMPÉRIO BRITÂNICO

O império constituído pelos britânicos na Índia apresentava origem e estrutura complexas, sendo um elemento vital para entendermos as disputas da descolonização e a constituição dos Estados independentes. Como mencionamos anteriormente, originado pela conquista de pontos específicos do território indiano pela Companhia das Índias Orientais (empresa britânica), o domínio cresceu, ocupando áreas da concorrente Companhia Francesa das Índias Orientais, no fim do século XVIII.

A incapacidade administrativa e a oposição em Londres forçaram a transformação da região em uma colônia depois da Revolta dos Cipaios (1857-1858). Assim, surgiu o Vice-Reino da Índia, que era soberano e controlava a defesa do entorno e centenas de protetorados no subcontinente. Suas características políticas e sua diversidade cultural e religiosa são elementos fundamentais para entendermos o processo de independência do país, o confronto entre unidade e fragmentação e as emancipações subsidiárias (Birmânia, atual Myanmar; Ceilão, atual Sri Lanka; Península Malaia; e ilhas do Oceano Índico).

Podemos tomar a criação do Partido do Congresso, em 1885, como marco inicial do processo emancipacionista indiano. Constituído por uma elite nativa culta e por progressistas britânicos, esse partido inicialmente propugnava a constituição de um autogoverno parlamentarista. O predomínio de hindus na população e no partido gerava o problema da subjugação das minorias, como muçulmanos e *sikhs*.

Essa questão levou os muçulmanos (26% da população) a criar, em 1906, a Liga Muçulmana, que avançou sob a liderança de Ali Jinnah, propondo a divisão do território sobre base confessional.

Até o regresso de Mahatma Gandhi à Índia, em 1915, o Partido do Congresso permaneceu como uma organização da elite econômica e cultural. A partir de então, o partido passou a se aproximar das massas populares por meio do proselitismo e da ação de Gandhi, enquanto reforçava seu caráter hindu. Em 1920, o Partido do Congresso já havia se tornado um movimento popular. Essa popularização se relacionava à emergência de uma indústria nacional e à política colonial, que havia arruinado o artesanato rural e agravado as condições de vida, desapossando camponeses e possibilitando a criação de latifúndios rentistas, além de manter em posições subalternas os jovens indianos ocidentalizados. A defesa da identidade e da unidade indianas proposta pela organização, no entanto, levantava suspeitas nas minorias, que temiam sua submissão ao hinduísmo e ao sistema de castas. A ruptura anunciava-se, principalmente, pela defesa da restauração das tradições e dos valores morais hinduístas pelo partido.

Com Gandhi, a estratégia do partido para conquistar a soberania do país foi a **desobediência civil não violenta**, técnica desenvolvida na luta por direitos dos grupos orientais emigrados para a África do Sul. A primeira campanha indiana foi contra as reformas administrativas de 1920, com o boicote aos tribunais, ao ensino e aos impostos, causando a prisão de mais de 30 mil pessoas. O sucesso da ação aumentou as adesões, o que intensificou o medo dos muçulmanos quanto à hinduização do movimento. A Liga Muçulmana e o Congresso se afastaram, fato que passou a ser explorado permanentemente pelos britânicos para enfraquecer a luta pela independência e protelar sua realização. Abria-se a possibilidade de balcanização (fragmentação) do território, projeto que objetivava manter o controle da região quando a independência se tornasse inevitável.

Durante o restante da década de 1920, o crescimento e o enraizamento popular do Partido do Congresso foram acompanhados por um processo crescente de hinduização, o que alienou progressivamente as minorias – principalmente os muçulmanos. Os anos finais da década foram importantes na configuração da independência, tanto pela radicalização da posição das minorias como pelo conflito de projetos das lideranças – Jawaharlal Nehru representava a posição esquerdista dos jovens e Gandhi, a posição tradicionalista da "velha guarda" –, que se manteve nas décadas posteriores. A depressão da economia mundial causada pela crise da Bolsa de Valores de Nova Iorque, em 1929, provocou a depreciação das exportações indianas e a redução da capacidade de importar, promovendo o crescimento da indústria com capitais nacionais via substituição de importações, além de fortalecer a burguesia ligada ao Partido do Congresso.

Em 1935, prevendo a inevitabilidade da independência, os ingleses impuseram a Lei do Governo da Índia[III], que provocou a reação organizada dos nacionalismos hindu e muçulmano. Uma consequência direta disso foi a transformação da Liga Muçulmana em partido secessionista, em 1937, lutando pelo futuro Estado do Paquistão para os muçulmanos. Outra consequência foi

---

III. Esta foi uma lei relacionada à nova forma de governo da colônia que previa a participação de representações desproporcionais dos respectivos grupos étnico-religiosos.

o endurecimento das disputas no Partido do Congresso com a eleição para a presidência de Subhas Chandra Bose (Netaji), que se aliou aos países do Eixo contra os britânicos em virtude da deterioração da situação política e acabou rompendo com o partido.

Em 1939, o vice-rei britânico Victor Alexander John Hope declarou unilateralmente a Índia como beligerante e começou a exigir um pesado esforço de guerra. Os nacionalistas recusaram-se a cooperar, sofrendo, assim, uma violenta repressão, o que resultou em mais de 60 mil prisões dentro do Partido do Congresso, possibilitando que Bose auxiliasse militarmente o Japão no conflito pela Birmânia. A Segunda Guerra Mundial facilitou a expansão industrial, mas teve um custo desmesurado para a colônia. As cobranças de trabalho, produtos e tributos para o esforço de guerra tornaram a região faminta, descontente e hostil. O desmoronamento do Partido do Congresso facilitou a emergência de movimentos populares autônomos e a difusão das ideias marxistas. Essa situação foi fundamental para a reaproximação da Liga Muçulmana e do Partido do Congresso ao fim da guerra, com intenção de se manter o controle do processo político.

Em 1945, os ingleses tiveram de escolher entre o Império e a sociedade de bem-estar na metrópole; decidiram pela segunda, pondo fim ao domínio formal e iniciando negociações para a independência da Índia. Contudo, as complicações dos protetorados nos principados indianos e o confronto entre secessionistas e unitários prorrogaram as discussões até 1947, sendo a primeira posição, defendida pela Liga, simpática aos ingleses, a quem permitia manter um poder informal. O negociador britânico era Lorde Mountbatten, nomeado vice-rei e conhecedor da Índia, mas a morosidade do processo levou o Parlamento Britânico a tomar a independência como fato consumado, votando por ela e pela partilha em 15 de julho de 1947. Em 15 de agosto do mesmo ano, o núcleo do Império foi dividido entre os governos interinos da Índia e do Paquistão, o que teve como consequências imediatas um clima de desordem, violências confessionais (massacres brutais), migrações forçadas de minorias entre os estados e morte de mais de 100 mil pessoas – entre elas, Gandhi.

Efetivada a independência, o perímetro defensivo do vice--reino perdeu a razão de ser. Houve a emancipação do Ceilão e da Birmânia em 1948, mas manteve-se o *status* colonial da Malásia até 1957, por seu caráter estratégico no controle do estreito que liga os Oceanos Índico e Pacífico. Lá, enfrentava-se uma guerrilha comunista baseada na minoria étnica chinesa e havia imensas plantações de seringueiras e minas de estanho, responsáveis pelo superávit comercial britânico. Independentes, as sociedades nacionais deveriam ser unificadas, homogeneizadas e enquadradas, processo que durou até a década de 1950 para a Índia e até 1971 para o Paquistão – com a secessão de Bangladesh.

(2.5)
A INDEPENDÊNCIA DA INDONÉSIA E A QUEDA DO IMPÉRIO FRANCÊS NA INDOCHINA

Os Impérios Holandês e Francês na Ásia estavam baseados, respectivamente, na Indonésia e na Indochina. A Segunda Guerra Mundial e a ocupação japonesa nessas regiões enfraqueceram o poder colonial europeu e, com isso, os impérios não foram capazes de manter seus territórios.

2.5.1 A independência da Indonésia – o fim do Império Holandês

O Império Holandês na Ásia situava-se no arquipélago da atual Indonésia, mas sua reduzida capacidade demográfica impediu que todo o arquipélago fosse estruturado politicamente como colônia; apenas a política econômica metropolitana era aplicada amplamente. Somente algumas áreas das ilhas maiores e de certas regiões específicas eram ocupadas pelos holandeses, o que possibilitou a constituição de protetorados e de regiões subordinadas apenas formalmente. Uma característica fundamental desse império era a preservação da diversidade de religiões e de estruturas políticas locais que existiam previamente. Havia uma nítida divisão entre as influências hindu e muçulmana, com a última predominando nas cidades e nas áreas ligadas ao comércio de longa distância. Paralelamente, existia uma minoria chinesa, instalada antes do século XVI. Essas características, acompanhadas pela evolução econômica e administrativa e pela política linguística batava (imposição de uma língua comum, baseada na falada nos mercados), foram responsáveis por aspectos singulares da descolonização e do projeto nacionalista indonésio.

Os nacionalistas indonésios tiveram como base uma classe média de intelectuais relacionados aos aspectos coloniais modernos e ao movimento de reforma do Islã de origem egípcia no século XX. Daí surgiram as principais lideranças, bases e propostas do movimento, bem como os principais limites. Paralelamente ao nacionalismo, a penetração do comunismo entre os trabalhadores urbanos e camponeses pobres combinava a reivindicação da independência com revolução social. Por duas vezes – nas décadas de

1920 e de 1940 –, o Partido Comunista Indonésio (PCI) dirigiu derrotadas insurreições no país para alcançar os objetivos do projeto.

A luta pela independência foi fortemente estimulada pela ocupação japonesa durante a Segunda Guerra Mundial, uma vez que se observaram a destruição dos instrumentos holandeses de dominação, a frustração de promessas feitas pela metrópole e a habilitação dos nacionalistas ao controle do aparelho do Estado, após terem substituído os agentes administrativos e os policiais holandeses. A derrota japonesa possibilitou a proclamação unilateral da independência, em agosto de 1945, pelas forças organizadas desde 1927 pelo Partido Nacional, originado no movimento de reforma islâmica. No entanto, o desembarque de tropas aliadas para desarmar os derrotados possibilitou o retorno dos metropolitanos, que tentavam retomar a situação colonial. Iniciou-se um período confuso, em que questões do confronto bilateral passaram a ter grande peso.

Dadas a situação indefinida e a diversidade estrutural do arquipélago, as forças em confronto chegaram aos acordos da Conferência de Linggadjatti, em novembro de 1946. Criaram a União Holanda-Indonésia e balcanizaram as ilhas, dividindo-as em uma república e em pequenos Estados monárquicos dependentes dos batavos.

A Holanda passou a agir como se os acordos não existissem e lançou um processo de reconquista – as "operações policiais" na área da República. A primeira operação resultou na Conferência de Renville, em janeiro de 1948 – com perda territorial indonésia – e propiciou que, em setembro daquele ano, eclodisse a insurreição comunista de camponeses – reprimida pelos nacionalistas. O sucesso metropolitano encorajou o lançamento de uma segunda operação policial em dezembro do mesmo ano, com efeitos desastrosos:

a eclosão da guerrilha nacionalista acompanhada por um intenso movimento de massas de não colaboração, a criação de um governo nacional clandestino que levou ao fim do "federalismo balcanizador" e a proclamação da República Unitária em todo o arquipélago. Em 1954, o governo proclamou unilateralmente o fim da União Holanda-Indonésia e, posteriormente, nacionalizou todos os seus investimentos. Também destacamos, nesse contexto, a atuação dos Estados Unidos – dada a vitória da Revolução Chinesa, o país reorientou sua estratégia para a região, pressionando os holandeses pela independência da Indonésia.

Independente, a Indonésia seguiu parte dos movimentos nacionais anti-imperialistas, sendo campo de disputa entre projetos de revolução nacional e social até 1965. O governo de Sukarno (1945-1967) tornou-se uma das forças do neutralismo na Guerra Fria e foi um dos patrocinadores e sede da importante Conferência de Bandung, em 1955, que iniciou a institucionalização do então chamado *Terceiro Mundo* e intensificou o processo de descolonização.

2.5.2 A QUEDA DO IMPÉRIO FRANCÊS NA INDOCHINA

Constituído por colônias e protetorados, o Império Francês na Indochina foi organizado para explorar economicamente a península e acessar o mercado do sul da China. Diversificado culturalmente por ser uma área de ligação entre as culturas hindu e chinesa, englobava uma população de fortes raízes budistas e grupos montanheses. As reservas minerais e as áreas férteis para seringueiras fizeram da região que seria futuramente o Vietnã a mais explorada. Contudo, a longa tradição de resistência e o desenvolvimento cultural da região, que abriram perspectivas às novas gerações, logo possibilitaram a emergência de movimentos de resistência. Já em 1919, um jovem nacionalista – que posteriormente adotaria o nome de Ho Chi Minh – reivindicou a independência na Conferência de Versalhes. A desconsideração pela aspiração vietnamita levou-o como militante à recém-fundada Internacional Comunista e, posteriormente, como responsável pela região. O projeto original da Terceira Internacional encontrou apoio entre os camponeses pobres do norte, que efetivaram um levante sufocado pelos franceses.

Até a Segunda Guerra Mundial, vários movimentos reivindicavam a independência. Verificamos neles duas grandes correntes: os nacionalistas burgueses, partidários de uma revolução anticolonial, e os influenciados pelo comunismo, defensores de uma revolução anticolonial e social. Durante a ocupação japonesa, os nacionalistas desmoralizaram-se por cooperar com os ocupantes. Ao mesmo tempo, Ho Chi Minh organizou um movimento para toda a região e atuou conforme os objetivos propostos anteriormente. A Liga para a Independência do Vietnã (Viet Minh) defendia a independência e uma revolução social e encabeçava a luta antijaponesa, alcançando rapidamente profunda penetração popular e regional.

Ao fim da Guerra, os japoneses patrocinaram uma independência "de cima para baixo", que conservava as estruturas políticas preexistentes e os protetorados franceses. Bao Dai, príncipe do protetorado do Annam, recebeu um país constituído pela colônia da Cochinchina ao sul e pelos protetorados de Tonkin, ao norte, e de Annam, no centro. Entretanto, o Viet Minh havia preparado uma insurreição que, eclodindo em agosto de 1945, triunfou sobre as três regiões dominadas por Bao Dai e forçou-o a renunciar, proclamando, então, a república. Ao mesmo tempo, com o fim da Guerra, a Conferência de Potsdam, em julho e agosto de 1945, determinou que o exército chinês desarmasse os japoneses no norte e os ingleses desarmassem os japoneses no sul. Paralelamente, os ocupantes nipônicos patrocinaram a independência do Camboja e do Laos.

Aproveitando-se das decisões dos aliados, a Inglaterra rearmou e auxiliou o retorno dos franceses à península, após a proclamação da República Democrática do Vietnã. Assim, os franceses buscaram uma base para reconquistar a península, retomando a Cochinchina, em 1945, região de fraco domínio do Viet Minh – com divisões, seitas armadas e oposição à integração. A situação complicou-se com a luta contra os franceses e com as diferentes posições assumidas pela metrópole, por seu exército, pelos colonos e pelos interesses coloniais: a metrópole buscava manter a integridade do Império, mesmo que com a liberdade dos Estados sob a União Francesa[IV], o exército procurava reverter suas derrotas e as elites coloniais queriam manter seus benefícios.

Em meio à instabilidade francesa e ao jogo de interesses na região, emergiu uma política de reconquista a partir do governo provisório dos colonos na Cochinchina e foram deflagradas hostilidades contra o Viet Minh, no norte. Assim, eclodiu a Guerra de Libertação, com a criação do Estado do Vietnã, ligado à União Francesa e sob o comando de Bao Dai, antigo protegido dos japoneses e sustentado pelos bispados católicos, pelas seitas budistas e pelo Dai Viet, partido pró-fascista que havia apoiado os japoneses.

IV. A União Francesa foi uma proposição que visava manter a integridade do Império Colonial Francês sob uma nova forma, baseada na sua indissolubilidade.

Em face de tal situação, o Viet Minh iniciou uma campanha armada de libertação nacional e social, definindo claramente, em 1947, seus princípios, sua amplitude (frentes de combate) e sua estratégia – sendo esta última baseada em guerra de guerrilha e de movimento e estruturada em fases (defensiva, de resistência e contraofensiva geral). No outono de 1947, a vitória sobre a ofensiva francesa no norte possibilitou a consolidação da república, que passou a estruturar o governo, a efetivar reformas de profundo impacto e a criar um exército armado por arsenais na selva. O sucesso do Viet Minh decorreu, em parte, das intensas campanhas de alfabetização que substituíram os caracteres chineses pelo alfabeto latino – implementado por missionários da colônia –, da reestruturação democrática dos meios tradicionais de governo de aldeões e do fim dos meios de submissão de mulheres e jovens. A luta militar foi, assim, acompanhada por uma profunda revolução sociocultural.

Até o ano de 1949, a situação evoluiu lentamente. A vitória da Revolução Chinesa possibilitou uma guinada, ao proporcionar reconhecimento diplomático e retaguarda amigável à República Vietnamita. Entretanto, a região passou a ser parte progressivamente ativa no confronto bipolar mundial. Com a Guerra da Coreia (1950), o Vietnã foi inserido no confronto da Guerra Fria e na política de contenção dos Estados Unidos, país que deu intenso apoio militar, econômico e diplomático ao governo de Bao Dai e aos franceses para manter sua posição no flanco sul da Ásia, ameaçada pela expansão do comunismo mundial. Assim, a Guerra Fria lançou a jovem república – cujos líderes emulavam a democracia americana – no bloco constituído pela União Soviética.

Apesar de ter custado centenas de milhões de dólares aos cofres dos Estados Unidos, todo esse apoio não conseguiu reverter o enfraquecimento dos franceses e de Bao Dai. Em 1950, a República já havia alcançado o equilíbrio de forças e lançava os preparativos políticos da contraofensiva, com a formação de um bloco dos povos do Vietnã, do Camboja e de Laos – recolonizados a partir de 1946 –, a reorganização do Partido Comunista e a criação de uma Frente Nacional Unificada. Até 1952, os revolucionários vietnamitas avançaram e levaram os franceses à armadilha de Dien Bien Phu (base francesa de tropas aerotransportadas construída no norte do país), que deveria aniquilar as forças da jovem república e isolá-las da China.

Em 1953, as forças de libertação intensificaram os preparativos militares, ocupando progressivamente as montanhas em torno de Dien Bien Phu com artilharia e tropas, enquanto aprofundavam a base de sustentação social, beneficiando os camponeses pobres com reformas agrária e econômica. A ofensiva de Viet Minh isolou a base aérea e levou os franceses a pedir aos estadunidenses o uso de armas nucleares. A internacionalização do problema possibilitou que o chanceler britânico propusesse uma conferência internacional em Genebra. Enquanto esta era organizada, os vietnamitas, baseados nos princípios da guerra popular prolongada, obtiveram a capitulação do exército francês, coroando sua estratégia e a contraofensiva geral em 7 de maio de 1954.

No dia seguinte, quando ocorreu a inauguração da Conferência de Genebra com delegações da França, dos Estados Unidos, da União Soviética, da China, da República Democrática do Vietnã, do Reino do Vietnã (dirigido por Bao Dai) e de comissões do

Camboja e do Laos, a vitória da descolonização já era fato consumado. O resultado da conferência foi o acordo de 21 de julho, com o reconhecimento da independência dos três países da península da Indochina e com a divisão temporária do Vietnã demarcada pelo paralelo 17, com prazo de dois anos para a realização de eleições conjuntas sobre a reunificação do país.

A assinatura pelos Estados Unidos – por causa da China – e pelo Vietnã do Sul de uma minuta separada que reconhecia os acordos permitiu que se desconsiderasse a convocação de eleições. Isso foi motivo para uma segunda guerra no país: a **Guerra Vietnã**, que durou até 1975 e tinha como propósitos a libertação e a reunificação do país.

(2.6)
A Revolução Chinesa

De importância fundamental para os movimentos de descolonização foi a vitória da **Revolução Socialista** chinesa, em 1949, e a implementação da **República Popular da China** sob a direção do Partido Comunista da China (PCCh), o que acelerou a descolonização asiática e apoiou nacionalistas e socialistas. A defecção do país do bloco capitalista provocou uma reação dos Estados Unidos com relação aos países colonizados: por um lado, com o apoio a autogovernos nos países onde a segurança estratégica não estivesse em jogo; por outro, com a aniquilação das forças revolucionárias e a independência controlada pelos conservadores locais nos países onde uma "burguesia nativa confiável" fosse inexistente. Além disso, formou-se uma área dos recém-descolonizados países asiáticos que contava com a maioria da população mundial e imensas reservas minerais. Os países dessa região estariam em posição frágil enquanto persistisse o colonialismo e avançasse o neocolonialismo. Por isso, convocaram uma reunião dos países descolonizados que daria origem ao chamado *Terceiro Mundo*.

Diante da desagregação do Estado chinês – caracterizado por um governo central impotente e por senhores da guerra com poder regional, como vimos anteriormente – e da pressão japonesa, uma parcela da população chinesa passou a buscar novas alternativas. Assim, o PCCh foi fundado em Xangai, em 23 de julho de 1921, apresentando certa divisão interna: uma linha de estrita obediência à Internacional Comunista e uma linha autônoma, inicialmente incipiente e pouco clara. Com a Revolução Russa, *Guomintang* e União Soviética se aliaram para acabar com a monarquia, eliminar a exploração imperialista e unificar a China, aliança que durou de 1923 a 1927 e era dirigida por Sun Yat-sen até sua morte, em 1925. Após a reconquista das regiões chinesas mais importantes e o enquadramento dos senhores da guerra restantes, criou-se um exército composto por comandantes e autoridades regionais do poder central e formado sob a coordenação de conselheiros e instrutores com experiência na guerra civil russa, enviados pela Internacional Comunista como parte do acordo sino-soviético.

Sun Yat-sen foi substituído pelo General Chiang Kai-shek, um jovem talentoso enviado à União Soviética para ter formação militar superior. Após seu retorno, este foi nomeado comandante da Academia Militar e formou um coeso grupo de oficiais nacionalistas profundamente fiéis, constituindo, assim, a base do exército do *Guomintang*. Kai-shek se mostrou um ferrenho anticomunista e se aliou à "burguesia compradora" – associada ao grande capital internacional –, aos grandes proprietários de terra e, progressivamente, ao capital internacional. Sua postura se refletiu na própria orientação do Partido Nacionalista e do Estado, que passou a reprimir intensamente os comunistas, fechando e tornando ilegal o PCCh em função da questão agrária. O motivo alegado foi a realização de uma reforma agrária radical que libertaria os camponeses pobres, o que ocasionaria a criação de um mercado interno e iria contra os proprietários territoriais, apoiadores de Kai-shek. Assim, o *Guomintang* se concentrou na luta contra o PCCh, com campanhas de extermínio nos centros urbanos entre 1925 e 1937[V].

A perseguição desestruturou e, de certa forma, desautorizou o PCCh, liquidando algumas de suas principais lideranças. Durante esse período, a União Soviética e a Internacional Comunista pressionaram o partido para que se dissolvesse no *Guomintang* e aguardasse o amadurecimento da situação para promover a revolução. Em 1927, uma insurreição proletária conquistou Xangai, mas foi aniquilada pelo exército nacionalista com o auxílio das tríades[VI], resultando na incorporação dessa concessão extraterritorial à China em seu processo de unificação. O PCCh foi destruído nas cidades e reduzido a bases rurais interioranas em Jing Ansha e Jiangxi, em

---

V. *A China tinha então 2 milhões de operários, número pouco expressivo se comparado ao "mar" de quase 300 milhões de camponeses; mesmo assim, o PCCh havia se fortalecido em alguns centros industriais, como Xangai e Hong Kong (Spence, 1995; Fairbank, 1990).*

VI. *As tríades eram organizações criminosas que se desenvolveram durante a crise do Império, envolvendo-se em contrabando, tráfico de pessoas e serviços paramilitares a empresários (Spence, 1995).*

uma retirada que ficou conhecida como **Longa Marcha**[VII], entre outubro de 1934 e outubro de 1935. Na busca por refúgio no campo, os comunistas criaram comunas revolucionárias, entrando, assim, em confronto com as diretrizes da Internacional Comunista e do setor dirigente do PCCh, que baseava sua política na ortodoxia dogmática e no mimetismo da Revolução Soviética.

Nesse contexto, começou a se desenvolver uma linha política ligada a Mao Tsé-tung, que defendia a tese de que as peculiaridades chinesas requeriam uma estratégia distinta daquela proposta pela Internacional Comunista. Para a linha de Mao, não seria a classe operária que realizaria a revolução, ainda que a dirigisse, e sim os camponeses pobres organizados em um exército popular, baseados na luta armada. Em uma conferência do PCCh em Zunyi, as posições teóricas e estratégicas de Mao sobre o caráter e a forma da revolução prevaleceram, e ele foi designado dirigente máximo do partido e da revolução. A marcha, que iniciou em Jui-chin, na província de Jiangxi, e que começou com mais de 100 mil pessoas, foi marcada por inúmeros combates e pela dureza de uma viagem de milhares de quilômetros a pé em um território relativamente inóspito, com cadeias montanhosas e rios caudalosos de difícil ultrapassagem. Por fim, a marcha chegou ao destino, em Yan'an, no norte do país. Enfrentando um exército bem armado e determinado a exterminá-los, os comunistas contavam apenas com armas leves e táticas de guerrilha, o

---

VII. *A Longa Marcha foi uma retirada estratégica das bases rurais do PCCh que estavam cercadas e realizou-se entre o verão setentrional de 1934 e o outono setentrional de 1935. Apenas 7 mil dos 90 mil combatentes que iniciaram a jornada em Jiangxi a concluíram, sendo acompanhados por outros 15 mil de outras bases ao chegarem à província de Shaanxi. Até a primavera de 1937, chegaram mais grupos dispersos, que tiveram de desviar o caminho ao longo do tempo (Pischel, 1976).*

que levou à perda da maior parte dos militantes. No destino final, eles estabeleceram uma base com cerca de 20 mil militantes para a recuperação e a renovação do partido. Apoiando-se nessas bases revolucionárias, o Exército Popular de Libertação avançou, cercando e conquistando as cidades como a última etapa do processo revolucionário (Pischel, 1976; Spence, 1995; Fairbank, 1990; Carr, 1986).

Nesse momento, constituiu-se o que podemos chamar de *originalidade e especificidade do PCCh e da Revolução Chinesa*: o protagonismo das massas camponesas sob o comando do PCCh, representante dos operários urbanos; o objetivo de estabelecer uma sociedade de transição ao socialismo; e o caráter prolongado e popular da revolução, na qual o campo cercaria as cidades, culminando com a sua tomada e ocupação. Tais características do processo se tornavam funcionais pela especificidade da população chinesa: entre 80% e 90% dela eram compostos por camponeses. A Revolução Chinesa seria uma aliança de classes nacionais, excluindo-se os senhores da guerra, os latifundiários e a "burguesia compradora", mas incluindo camponeses, operários urbanos, intelectuais progressistas e a burguesia nacional, voltada ao mercado interno. Essas ideias foram tomando corpo até o estabelecimento de uma teoria própria que resultou na vitória da revolução, apesar da inicial oposição soviética.

Em 1937, a China foi invadida pelo Japão, que buscava um fornecedor de produtos industriais para seu esforço de guerra; assim, o *Guomintang* e o PCCh estabeleceram uma colaboração para a resistência nacional. Chiang Kai-shek aceitou tal colaboração ao ser pressionado por um setor do exército nacionalista. O PCCh estabeleceu alguns princípios da Nova Democracia que deveriam caracterizar a resistência: predomínio da questão camponesa; não distinção da guerra e da revolução; partido, guerra e revolução pedagógicos; nas zonas recuperadas, o Exército de Libertação Popular deveria realizar reformas sociais e adaptá-las ao marxismo-leninismo. Tais princípios se confrontavam com o *Guomintang*, que temia a revolução e a estratégia do PCCh para a expulsão japonesa; com isso, abandonou a aliança e deixou de lutar contra o Japão. Os comunistas assumiram quase integralmente a luta, enquanto os nacionalistas se reservaram para uma futura guerra civil contra o PCCh.

Em 1941, o governo nacionalista causou um profundo golpe na economia agrária, com empréstimos forçados e requisições para o exército; além disso, deformou o capital burocrático[VIII]. A espoliação da população e a corrupção eram práticas generalizadas nos territórios sob o domínio do governo nacionalista. No último ano da Segunda Guerra, Chiang Kai-shek passou a contar com a garantia inglesa de que as concessões passadas seriam devolvidas ao Estado chinês do *Guomintang*. Porém, efetivamente em 1945, a China oficial estava reduzida à sua capital (Pischel, 1976), com o restante do território praticamente sob domínio do Japão ou da guerrilha maoísta. Durante esse período, ocorreu o crescimento da inflação – entre 1937 e 1948, os preços foram multiplicados 29.340.800 vezes (Mandel, 1977).

VIII. O capital burocrático se caracterizava pela expropriação e pela concorrência privilegiada em relação à burguesia industrial. A partir de meados da década de 1930, o Estado chinês apoderou-se, por meio de nacionalizações, dos setores mais dinâmicos da economia. Esse processo de nacionalização se completou quando, no fim da guerra, o Estado expropriou os investimentos do capital japonês. Até o fim da guerra civil, as "quatro famílias" (Chiang Kai-shek, Soong, Kung e irmãos Cheng) consolidaram o poder por meio da exploração dessas empresas e pelo controle dos principais cargos do aparelho do Estado.

Os nacionalistas foram salvos da derrocada pela derrota japonesa e pelo apoio recebido dos Estados Unidos – em armas, aviação e recursos econômicos –, mas, em 1945, a guerrilha comunista ocupou a Manchúria e o norte da China, região industrial e de agricultura desenvolvida, onde se encontravam os equipamentos militares e industriais japoneses. A União Soviética havia invadido e ocupado a região em função de um acordo com as decisões dos aliados na Segunda Guerra Mundial[IX]. Há relatos de que o sucesso dos comunistas chineses decorreu do repasse dos equipamentos obtidos pelos soviéticos à guerrilha; no entanto, não se pode comprovar essa hipótese, tendo em vista a posição soviética quanto à situação chinesa durante a Guerra. Entre 1945 e 1946, para estabilizar e garantir a neutralidade da fronteira, Stalin assinou um acordo de cooperação com Chiang Kai-shek. Quando, em 1949, a República Nacionalista foi derrotada e Chiang Kai-shek e a elite dirigente fugiram para a Ilha de Taiwan, o único representante diplomático que os acompanhou foi o embaixador soviético.

O comportamento dos comunistas durante a guerra civil, com demonstrações de superioridade moral, sua principal arma, lhes angariou apoio e aceitação por parte da população. Nessa época, o *Guomintang* estava disperso, cansado e desmoralizado. Seu exército era impopular em virtude de seus métodos de guerra, uma vez que, ao lutar no interior, tratava a população como um povo

---

IX. *Segundo a Conferência de Ialta, a União Soviética declararia guerra ao Japão três meses após a rendição alemã. Essa decisão seria confirmada em Potsdam, quando a União Soviética iniciou os preparativos para aquela que foi a maior operação da Segunda Guerra: a invasão da Manchúria e a derrota e submissão do maior corpo de exército japonês, além da ocupação da região do norte da Coreia, sede do parque fabril militar japonês.*

conquistado. Contudo, o Exército de Libertação Popular havia alcançado seu limite material máximo e sua possibilidade máxima de expansão (Pischel, 1976). Em 1947, os nacionalistas, com orientação e apoio estadunidenses, empreenderam uma ofensiva geral nos moldes da guerra clássica: grandes operações ofensivas e ocupação territorial. Os comunistas recuaram e evitaram o combate, até que os nacionalistas estavam a tal ponto dispersos e com linhas de comunicação tão espalhadas que se isolaram, perdendo capacidade de combate eficaz.

Nesse momento, com o enfraquecimento do adversário, ocorreu a contraofensiva maoísta, na qual os comunistas recuperaram a China Central e a Manchúria. Durante a resistência, os maoístas fustigavam o *Guomintang* usando a técnica de guerrilha. Entre o outono e o inverno de 1948, o Exército de Libertação Popular desenvolveu uma ofensiva geral que desbaratou as forças nacionalistas, derrotando-as, e derrubou o governo. Os conselheiros estadunidenses enviados para apoiar Chiang Kai-shek voltaram aos Estados Unidos. Em depoimento, o General George Marshall afirmou que a salvação do governo chinês viria apenas por uma intervenção militar, algo indesejável e impraticável para Washington, em meio à radicalização da Guerra Fria. No dia 1º de outubro de 1949, Pequim foi conquistada, e Mao Tsé-tung anunciou o nascimento da República Popular da China (RPC). No dia 15, a cidade de Cantão – último reduto do *Guomintang* – foi ocupada, o que marcou o controle dos comunistas sobre todo o país e o início da reconstrução da China e da extensão da revolução social.

Entre 1949 e 1950, a China era um país de 600 milhões de habitantes: 80% agricultores, 40% com menos de 18 anos de idade, com as regiões industriais completamente destruídas e o comércio costeiro paralisado (Pischel, 1976). A produção agrícola era insuficiente e estava voltada para a subsistência, em virtude da desorganização causada pela mobilização para a guerra e pela exploração das populações ocupadas pelo *Guomintang*. Os canais de irrigação e diques de contenção de rios, vitais à agricultura chinesa, tinham sido destruídos pelas forças nacionalistas para retardar os japoneses durante a invasão[X]. A paralisação das comunicações impedia o transporte da produção do campo para as cidades e das cidades para o campo. Assim, a China se encontrava em crise, no caos, tanto do ponto de vista econômico como do moral. Havia sido destruída pela Segunda Guerra Mundial, pela guerra civil e pelo próprio comportamento dos diferentes escalões do *Guomintang*, altamente venal e corrupto[XI]. Os Estados Unidos financiaram o pagamento das tropas, a manutenção da guerra e o funcionamento da máquina estatal por meio de recursos posteriormente roubados pelo "capital burocrático", entesourados e levados para Taiwan.

X. *Os diques foram parcialmente reconstruídos por nacionalistas e comunistas ao fim da Segunda Guerra Mundial.*

XI. *"À exceção dos altos dignitários do regime que organizaram a fraude e a corrupção como um 'racket' privado, a grande massa dos pequenos funcionários foi impelida na via da corrupção pela flagrante insuficiência dos seus salários" (Mandel, 1977, p. 31).*

(2.7)
A Conferência de Bandung
e a luta pela emancipação

Convocada por Índia, Paquistão, Ceilão e Indonésia, a Conferência de Bandung, na Indonésia, ocorreu em abril de 1955 e contou com a participação de 29 países independentes e movimentos de libertação nacional. O colonialismo e a exploração dos "povos de cor" (expressão genérica utilizada pelos colonialistas em referência a todos os povos colonizados) foram duramente criticados, enquanto foram apoiadas a luta pela independência e a organização do bloco de países neutros (não alinhados) chamado de *Terceiro Mundo*, para se contrapor à bipolaridade e promover o desenvolvimento econômico e social. Assim, a União Soviética foi colocada praticamente no mesmo patamar dos Estados Unidos – país a ser pressionado –, e a China, com sua Revolução Socialista Autônoma, e a Índia, com seu neutralismo e modelo de sociedade, foram apresentadas como exemplos a serem seguidos. Defendia-se um rompimento com o modelo europeu de sociedade, universalizado pelo capitalismo.

Ao fim da conferência, foi aprovada uma carta que continha dez princípios para fortalecer a base de atuação do Terceiro Mundo, mas que era vaga o suficiente para acomodar as diferenças dos participantes. A unidade e a integração plenas foram prejudicadas pela diversidade e desigualdade entre os participantes, apesar do predomínio da tendência neutralista e não alinhada. Era de importância fundamental, no documento, a defesa da democratização da Organização das Nações Unidas (ONU), que determinaria o fim do colonialismo e a constituição de uma ordem mundial pacífica e progressista.

Luiz Dario Teixeira Ribeiro e André Luiz Reis da Silva

Assumiu-se o compromisso de envidar esforços diplomáticos para tornar independentes os povos colonizados na Ásia e na África.

Gerando inicialmente perplexidade e hesitação por parte das superpotências, a conferência passou a ser alvo de disputa por sua cooptação ou, no mínimo, por sua desarticulação. As alianças costuradas internacionalmente e a diversidade da realidade dos países afro-asiáticos terminaram por centrar a luta de Bandung na descolonização e no desenvolvimento. O neutralismo e o não alinhamento não conseguiram constituir-se em uma força efetiva e geral para promover uma reorientação da política internacional. Seus principais efeitos foram a tomada de consciência afro-asiática, a pressão coletiva sobre a ONU e a descolonização acelerada.

Podemos considerar a luta pela emancipação colonial, pelo não alinhamento e pelo desenvolvimento, iniciada no Oriente Médio e no Extremo Oriente e sistematizada na Conferência de Bandung, um desafio ao "homem branco" (expressão empregada em referência aos colonialistas e a seus agentes de origem europeia) e à sua pretensa superioridade. Com ela, encerrou-se um ciclo específico da dominação e da exploração, obrigando os colonialistas metropolitanos a recuar e ser substituídos pelo neocolonialismo econômico e geopolítico. A conquista da soberania política deixava claro que a Europa passava a uma posição secundária, enquanto expunha os resultados da "missão civilizadora" dos impérios coloniais: desarticulação das sociedades tradicionais, integração subordinada e dependente da economia africana e rebaixamento do autorrespeito das populações "de cor". Reagindo a essa situação, os movimentos nacionalistas buscariam uma ideologia que restaurasse a dignidade humana, recriasse os laços rotos e apontasse caminhos alternativos de desenvolvimento.

A emancipação colonial, a Conferência de Bandung e o terceiro-mundismo tiveram outro efeito. Após 1955/1956, os europeus foram obrigados a acelerar sua organização continental e a buscar a integração econômica e política. Esse era o meio de evitar que fossem "engolidos" pela dinâmica economia estadunidense. Perdidas as colônias – fontes de riqueza, de poder e de mercados –, restava aos europeus aceitar a integração ou tornar-se dependentes da economia hegemônica e passar a meros objetos na disputa bipolar da Guerra Fria.

A independência política das colônias, no entanto, encontrou pobreza e falta de estrutura, de investimentos e de quadro favorável para o desenvolvimento, o que abriu espaço para pressões das potências e de grupos neocoloniais que, progressivamente, impuseram condições para investimentos e ajuda – mesmo a humanitária. O **neocolonialismo** feriu a autonomia e a soberania, pressionou os governos a romper com a neutralidade e com o não alinhamento, favoreceu golpes conservadores e ditaduras antipopulares e antinacionais e impôs reorientações econômicas e sociais por meio de empréstimos, órgãos internacionais e ajuda condicionada a seus interesses estratégicos. Se a Ásia parece haver limitado os efeitos do neocolonialismo, a África sofreu-os em cheio: as massas de colonos europeus no sul, bem como a persistência das colônias portuguesas e do governo de Mobutu no Zaire serviram de "ponta de lança" contra a luta dos africanos pela recuperação de sua independência e dignidade.

Na Figura 2.1, apresentamos o mapa que representa a dominação colonial na Ásia. Nele podemos observar a presença e a extensão de cada império.

Figura 2.1 – Dominação colonial na Ásia

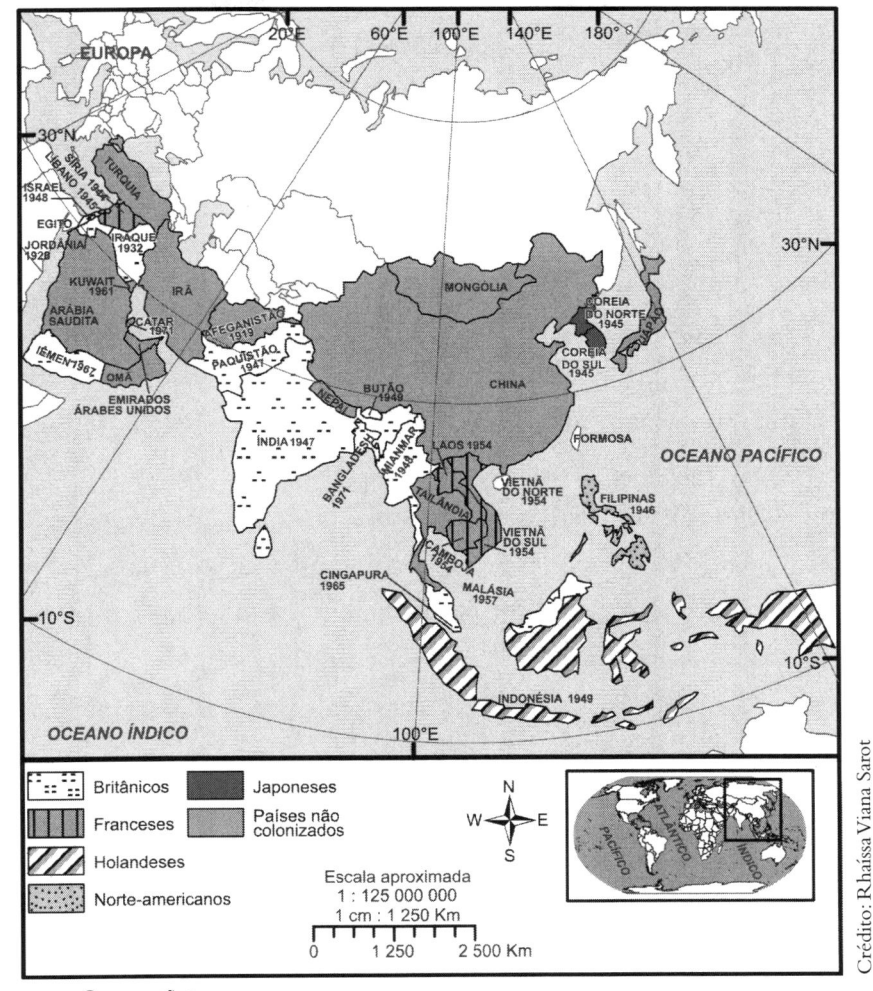

Observações:
- Os anos se referem às datas de independência dos países.
- Afeganistão, Catar e Kuwait não foram formalmente colonizados, mas estiveram sob domínio ou protetorado da Inglaterra. As datas se referem aos tratados nos quais a Grã-Bretanha reconhecia sua autonomia plena.

Por fim, é importante ressaltarmos que a região do Vietnã foi dominada pelos franceses, mas também sofreu ocupação japonesa e, depois, norte-americana. Por outro lado, embora a China tivesse um governo formalmente independente, da metade do século XIX à metade do século XX, o país passou por situações coloniais decorrentes de tratados "desiguais", com zonas de extraterritorialidade e dominação de parte do território.

Síntese

Neste capítulo, tratamos do processo de descolonização do continente asiático, das causas, das diferentes formas e dos resultados. Analisamos, ainda, os antecedentes históricos e os casos de várias colônias que conquistaram a soberania. Demos especial atenção à singularidade do processo chinês, com sua revolução de novo tipo. Destacamos a importância da Conferência de Bandung como instrumento articulador e propulsor de uma ação conjunta, cujos objetivos foram criar um meio de garantir a autonomia dos novos Estados independentes e proporcionar instrumentos de ação conjunta e de estabilização regional. Vimos também a importância da conferência na neutralização das pressões relacionadas à bipolaridade da Guerra Fria e ao apoio aos movimentos de libertação africanos.

Questões para revisão

1) Enumere os antecedentes da descolonização afro-asiática.

2) Qual foi a importância da Revolução Chinesa para a descolonização asiática?

3) Classifique as seguintes afirmações como verdadeiras (V) ou falsas (F):

( ) A ascensão do Japão como potência capitalista, na primeira década do século XX, teve impacto significativo na Ásia ao defender a completa independência e emancipação dos povos asiáticos por meio da chamada *esfera de coprosperidade asiática*.

( ) A Revolução Chinesa, concluída em 1949, só foi possível em virtude de uma ampla e desenvolvida base operária nas grandes cidades e no litoral do país, que permitiu formar uma vanguarda revolucionária que impulsionou os ideais socialistas e articulou a tomada do poder.

( ) Quando de sua independência do Império Britânico, a Índia passou por um processo de balcanização, dividindo-se em diferentes Estados.

( ) Por haver perdido a importância estratégica para a defesa da Índia, a Inglaterra concedeu a independência para o Vietnã do Sul.

( ) A Indonésia conquistou sua independência da Holanda na década de 1940, e o líder da luta nacionalista, Sukarno, tornou-se o primeiro presidente do país.

4) Marque a opção que completa a frase corretamente:

Na década de 1930, o/a _____ propôs a constituição de uma esfera de coprosperidade asiática, em que as sociedades do Extremo Oriente se integrariam com uma hierarquia e uma divisão internacional do trabalho que excluiria os europeus.

( ) China
( ) Japão
( ) Índia

5) Marque a opção que completa a frase corretamente:

Os Impérios _____ e _____ na Ásia estavam baseados, respectivamente, na Indonésia e na Indochina. A Segunda Guerra Mundial e a ocupação japonesa nessas regiões enfraqueceram os poderes coloniais europeus que não foram capazes de manter seus territórios.

( ) Americano – Português
( ) Holandês – Francês
( ) Inglês – Holandês

Questões para reflexão

1) Discuta a importância do nacionalismo e do socialismo como elementos para a crítica ao domínio colonialista.

2) Compare os caminhos do Japão e da China para buscar a autonomia diante das grandes potências ocidentais.

Para saber mais

SANTIAGO, T. (Org.). **Descolonização**. Rio de Janeiro: F. Alves, 1977.

Nesse livro, o autor discute os diferentes mecanismos de descolonização e seus efeitos.

BIANCO, L. **Asia contemporánea**. México: Siglo XXI, 1976.

Trata-se de um manual acadêmico que trabalha a problemática da história do continente asiático no século XX.

Capítulo 3
INTRODUÇÃO à DESCOLONIZAÇÃO da ÁFRICA

Conteúdos do capítulo

- Introdução ao estudo da descolonização da África.
- Os movimentos pan-africano e de negritude no processo de descolonização da África.
- A descolonização dos Impérios Francês e Britânico.
- A descolonização dos impérios secundários.

Após o estudo deste capítulo, você será capaz de:

1. compreender os antecedentes históricos e as causas da descolonização africana;
2. diferenciar o movimento de negritude do movimento pan-africano, bem como reconhecer sua contribuição no processo de descolonização;
3. comparar as formas de descolonização em diferentes regiões da África.

(3.1)
NEGRITUDE, PAN-AFRICANISMO E DESCOLONIZAÇÃO

A **negritude** foi um movimento cultural e literário com fortes implicações ideológicas e políticas. Surgiu entre os descendentes de escravos das Antilhas Francesas e, partindo dali, chegou aos estudantes das colônias africanas em Paris. Tinha como ponto central a recuperação da identidade e da humanidade africanas. Seu aspecto positivo estava relacionado à restauração da dignidade das pessoas negras. A radicalidade do movimento era ser abstrato e anti-histórico, defendendo não o desenvolvimento dos africanos, mas a necessidade de se manterem as estruturas e a cultura pré-modernas da África Subsaariana.

Iniciou como uma busca pelas raízes, pela identidade e pela humanidade, com o poeta Aimé Césaire[I]. A partir de Léopold Senghor[II] – patriarca da independência do Senegal –, tendeu a se assemelhar a um racismo às avessas. Politicamente, a contribuição da negritude para a África foi o apoio militante às independências e à criação de uma entidade política continental: a Organização da Unidade Africana (OUA). Marcada por um profundo conservadorismo, terminou por ser um instrumento de imobilização, de manutenção do *status quo* e da confirmação da teoria racista das

---

I. *Aimé Fernand David Césaire (Martinica, 1913-2008) foi um poeta surrealista, dramaturgo, ensaísta e um dos ideólogos da negritude.*

II. *Léopold Sédar Senghor (1906-2001) foi um político e escritor senegalês. Em 1960, com a independência do Senegal, foi eleito presidente da república e governou até o fim de 1980. Defensor do socialismo africano, destacou-se pela cooperação com a França.*

diferenças genéticas, que explicaria uma suposta personalidade africana.

O movimento, que expressava a crítica da aculturação pelas elites africanas francófonas, não contribuiu para o desenvolvimento do continente, garantindo apenas o direito das elites a um espaço e a uma posição que o colonialismo lhes negava após a assimilação. Na América e na África do Sul, onde os africanos e seus descendentes foram colocados em uma posição de inferioridade "natural" e absoluta, a negritude tornou-se um instrumento para a conquista da cidadania e da igualdade de direitos. No entanto, ela pode ser usada de forma contrária se os pressupostos da personalidade africana forem usados como instrumento de um etnocentrismo dominante. Devemos entender a negritude como uma reação cultural ao escravismo e à dominação colonial e suas perversões, e mantê-la nesse nível. Assim, evitamos que a especificidade africana seja reconhecida como resultado de uma determinação biológica – uma teoria cara aos racistas.

O **pan-africanismo**, assim como a negritude, nasceu fora da África, originando-se entre descendentes de escravos das colônias inglesas na América, na passagem para o século XX. Foi um movimento político e social inicialmente voltado para a promoção social e política dos negros na racista América Britânica, mas que passou a defender também a descolonização e o progresso político-social africanos. No entanto, o movimento nunca foi homogêneo ou monolítico. Seu principal organizador foi o sociólogo afro-americano W. E. B. Du Bois[III], que, inicialmente, marcou o movimento com

---

III. *William Edward Burghardt "W. E. B." Du Bois (Estados Unidos, 1868 – Gana, 1963) foi sociólogo, historiador e, principalmente, ativista dos direitos civis e políticos dos negros americanos e do pan-africanismo.*

características como solidariedade, união, promoção social e cultural; porém, ao longo do tempo, o movimento foi se politizando.

Du Bois organizou os quatro primeiros Congressos Pan-Africanos (em 1919, 1921 e 1923 na Europa e em 1927 nos Estados Unidos), nos quais a representação africana foi minoritária. Na década de 1930, o movimento não realizou congressos, mas manteve a militância na oposição à conquista da Etiópia pelo fascismo italiano. Em 1945, ocorreu o V Congresso Pan-Africano, em Manchester, na Inglaterra, com significativa e destacada participação de delegados africanos importantes na descolonização africana (Nkrumah[IV], de Gana, e Kenyatta[V], do Quênia). Esse congresso demonstrou a politização do movimento, trocando a reivindicação política da descolonização africana pelo anti-imperialismo e passando a se definir abertamente como socialista (mas não como comunista). Reconheceu-se e acordou-se a necessidade de um plano de ação para a independência, bem como a criação de uma organização para atuar pela independência da África colonial – pré-condição para a futura unificação continental.

Reconhecendo a existência de uma unidade cultural africana, o movimento passou a se manifestar em todos os planos. No aspecto cultural, a promoção da identidade africana se aproximou da negritude francófona. No campo político, marcou posição na

---

IV. Kwame Nkrumah (1909-1972) organizou a Convenção do Partido Popular (CPP) em 1949, declarou a independência de Gana em 6 de março de 1957 e se tornou presidente do país em 6 de março de 1960, defendendo a industrialização e um socialismo em sintonia com os valores africanos. Em 1966, durante viagem a Hanói, no Vietnã, foi deposto por um golpe de Estado militar apoiado pelo Reino Unido.

V. Jomo Kenyatta (1894-1978) se tornou presidente em 1964, quando o Quênia se tornou uma república, sendo considerado o fundador da nação. Foi reeleito sucessivamente até a sua morte, em agosto de 1978.

realização de congressos, conferências e uniões, culminando na criação da OUA, em Adis Abeba, Etiópia, em 1963, e na militância pela descolonização. No plano econômico, a busca de soluções para os problemas comuns do continente e o seu progresso exigia cooperação para superar o atraso tecnológico e os interesses particularistas. No campo diplomático, o pan-africanismo atuou contra o colonialismo, contra a balcanização continental e contra o envolvimento na Guerra Fria. Socialmente, buscou a promoção da mulher africana e o desenvolvimento de políticas educacionais e sanitárias. A partir do V Congresso, o movimento não somente mudou seu eixo geográfico e político em direção à África como também amadureceu um projeto global.

De marcante influência na descolonização, no entanto, o pan-africanismo sofreu problemas internos relacionados às diferentes correntes de seus membros. Eles, podemos citar as derrotas para a negritude – excludente do norte da África, considerado árabe – e a necessidade de aceitar os conservadores na constituição da OUA. Outro problema foi o confronto que impediu uma política única em relação à rapidez, aos mecanismos da descolonização e à unificação africana. Os interesses surgidos com as independências passaram a ter mais peso, criando um novo *status quo*. Essa situação se manifestou na esterilização da iniciativa pela unidade africana proposta por Nkrumah na I Conferência de Estados Africanos Independentes, realizada em Gana no ano de 1958.

Apesar dos problemas e das deficiências surgidas com sua institucionalização, o pan-africanismo manteve os objetivos originais: promoção e desenvolvimento dos africanos, combate ao imperialismo e ao racismo – marcante na atuação político-diplomática contra o colonialismo português e contra o *apartheid* sul-africano –, desenvolvimento da consciência e da unidade africanas e progresso social. De 1957 até meados da década de 1960 – ou seja, antes da criação da OUA –, patrocinou e organizou congressos com vários objetivos, além de impulsionar a criação de organizações representativas que transcendiam as fronteiras imperiais e, posteriormente, nacionais.

(3.2)
O PROCESSO DE DESCOLONIZAÇÃO AFRICANA

A expansão colonial europeia na África dividiu o continente entre quatro potências: Grã-Bretanha, França, Bélgica e Portugal. Seus diferentes níveis de desenvolvimento, riqueza e necessidades ocasionaram diferenças secundárias, pois suas colônias eram predominantemente de exploração. Ocasionou-se também uma reorganização da geografia política africana, voltada para o mercado metropolitano, ao mesmo tempo unindo e separando áreas e economias, sociedades e povos. Tal reorientação geoeconômica manifestou-se na criação de novas "regiões" na África que contrariavam a tradicional ordenação continental, externalizando sua economia e criando novas realidades sociais e políticas.

O domínio colonial clássico na África durou aproximadamente 75 anos, tempo suficiente para integrar o continente à economia mundial e para que lá emergisse um movimento emancipacionista bastante problemático. Nesse período, as metrópoles submeteram ou cooptaram as resistências tradicionais e "modernizantes", ordenaram o continente e alteraram seu perfil. O auge da dominação e da reordenação ocorreu no período entreguerras, marcado pela crise econômica de 1929 e pela posterior recessão.

O Império Colonial Francês – um dos maiores – agrupou suas diferentes áreas de domínio em blocos com sede regional e unidade administrativa. Estes eram pouco integrados econômica e politicamente entre si, pois a economia estava voltada para a metrópole em razão da artificialidade política dos territórios coloniais e da incapacidade de se criar uma nova identidade. Esses blocos regionais, que atendiam às necessidades administrativas e de controle, bem como à exiguidade de recursos para as colônias de exploração, não suportaram as contradições e as demandas da descolonização política. Foram desintegrados, provocando a balcanização do continente.

Já o Império Português, dada a dispersão de suas colônias, não criou unidades do tipo que mencionamos, mantendo cada colônia diretamente subordinada à metrópole. O Império Belga, constituído pelo Congo e pelas ex-colônias alemãs de Ruanda e Burundi, apresentava continuidade geográfica e era unificado. Por outro lado, o pragmático Império Britânico, com colônias dispersas na África Ocidental e agrupadas na Oriental, apresentava variados mecanismos de dominação.

As variações administrativas dos impérios coloniais, a inserção das colônias na economia mundial e a existência ou não de colonos e de interesses específicos no local determinaram a variedade de modelos de descolonização. Estes abarcaram da pura e simples retirada até a guerra de libertação.

Em longo prazo, a descolonização africana não foi capaz de alcançar a transformação social e o desenvolvimento autocentrado, sendo apenas política. Encontrava-se pressionada pela Guerra Fria e pela nova forma assumida pelo imperialismo: o neocolonialismo. A subordinação à economia mundial e a seus ciclos persistiu, acompanhada das pressões dos órgãos e das ajudas internacionais. A situação crítica das metrópoles no que se refere à necessidade de riquezas coloniais, no pós-Segunda Guerra, entrou em contradição com os ideais da social-democracia europeia, no poder desde 1945, gerando problemas para a evolução dos impérios. Por outro lado, certos grupos empresariais nativos ou locais haviam alcançado um nível de desenvolvimento tal que podiam prescindir da subordinação direta à metrópole. A solução consistia em um longo processo evolutivo de emancipação em meio não só à ascensão dos Estados Unidos e da União Soviética como potências mundiais anticolonialistas, mas também às reivindicações africanas de emancipação e aos interesses das empresas multinacionais estadunidenses – obstruídos pelas políticas protecionistas e monopolistas imperiais, fatores determinantes na descolonização. Na África, devemos agregar o papel das decisões da Conferência de Bandung e das guerras anticoloniais asiáticas como elementos-chave da descolonização.

Embora o auge da descolonização da África tenha acontecido no início da década de 1960, a reivindicação pacífica ou violenta pela independência iniciou-se no imediato pós-guerra. Ela se aprofundou e se radicalizou com as tentativas metropolitanas de criar mecanismos de autonomização lenta e controlada, que favoreciam as forças internas arcaicas e a manutenção da subordinação colonial. Foi o caso dos pragmáticos *self-governments* britânicos e da União Francesa, bem como da criação das áreas da libra esterlina (moeda britânica) e do franco (moeda francesa). No entanto, a dinâmica interna das colônias e a situação internacional "atropelaram" os projetos gradualistas.

(3.3)
A DESCOLONIZAÇÃO DO IMPÉRIO FRANCÊS NA ÁFRICA SUBSAARIANA

O Império Francês na África Subsaariana era constituído por duas unidades: a África Ocidental Francesa e a África Equatorial Francesa. De sua dissolução surgiu um grupo de países com diferentes níveis de desenvolvimento e de incorporação à economia mundial e também com projetos e problemas distintos. Na emancipação, persistiu uma tensão dialética entre as proposições metropolitanas e as aspirações diferenciadas africanas. Por mais de uma década após a Segunda Guerra Mundial, a França tentou criar mecanismos que mantivessem o *status quo* em meio à sua política de assimilação e de indivisibilidade da república, ocasionando uma diferenciação interna entre as regiões coloniais. Tal processo acompanhou a especialização das economias e as reivindicações particularistas – étnico-culturais e econômicas –, impossibilitando a construção de grandes Estados nacionais com economias fortes e integradas.

O papel desempenhado pelas colônias africanas da França na Segunda Guerra Mundial possibilitou uma evolução mínima da situação colonial. No início de 1944, os administradores coloniais que aderiram aos aliados reuniram-se na Conferência de Brazzaville, que planejou as linhas gerais das reformas administrativas. A Constituição Francesa de 1946 instaurou o sistema eleitoral de duplo colégio e manteve a direção administrativa das colônias sob firme controle europeu, frustrando perspectivas de integração e autonomia. Na África, uma minoria de políticos partidários das transformações coloniais e participantes da Constituinte que criou a União Francesa persistiu em sua luta pela autonomia local. No mês da promulgação da Constituição, de certa forma no marco da União Francesa, reuniu-se o Congresso de Bamako, do qual resultou a criação do partido União dos Povos Africanos (RDA). Este era uma agremiação legalista ligada ao Partido Comunista Francês (PCF), que apoiava a autonomia interna nas Constituições, tendo como líderes Houphouët-Boigny, da Costa do Marfim, e Sékou Touré, da Guiné, e abrangendo com suas seções o conjunto do território colonial. Paralelamente, em 1948, Sédar Senghor criou o *Bloc Démocratique Sénégalais* (BDS), partido nacionalista do Senegal.

Desses grupos surgiram as tendências que marcaram o futuro das colônias francesas. Em 1950, distinguindo-se da linha guineense de Sékou Touré, a seção da Costa do Marfim do RDA aproximou-se do grupo político do futuro Presidente François Mitterrand no Parlamento Francês, rompendo com o PCF. Colaborou na criação da Lei-Marco, de junho de 1956, que instituiu a africanização administrativa e a ampliação dos direitos eleitorais, além de normatizar a descentralização administrativa. A **autonomização regional** – caminho para a balcanização das colônias – foi contestada por Senghor, partidário da federação, mas abriu caminho para tendências centrífugas e para um nacionalismo territorial nos agrupamentos de colônias. Em 1957, o Congresso de Dakar reuniu lideranças africanas que, vencendo as eleições definidas pela Lei-Marco, mostraram-se independentistas. A unidade foi rompida pelas divergências quanto à federação e pelo fortalecimento dos partidos territoriais. O RDA, que havia começado a ser implodido por Houphouët-Boigny em 1950, recebeu o "golpe de misericórdia" com a real independência do BDS de Touré. O protagonismo metropolitano e sua política de manter a subordinação colonial e suas contradições levaram, progressiva e rapidamente, à independência das colônias.

A incapacidade do Império Francês de se manter na Indochina e as dificuldades de conter o nacionalismo e a guerra de libertação argelina ocasionaram o golpe de Estado de 1958 na França, quando o General Charles de Gaulle substituiu a Quarta República, desmoralizada e em frangalhos. A Constituição do mesmo ano criou a Quinta República e substituiu a União Francesa pela Comunidade Francesa. Embora apresentada como federalista, ela propunha para a África a manutenção da subordinação colonial, limitando sua autonomia interna. A Constituição transformou os territórios administrativos em Estados Comunitários. Seu resultado previsível foi a consolidação da balcanização iniciada poucos anos antes. A divisão entre as lideranças africanas possibilitou que De Gaulle propusesse um referendo, em que o voto negativo possibilitaria a imediata concessão da independência. A dificuldade de se formar uma federação, em virtude dos nacionalismos territoriais e dos distintos projetos dos partidos africanos, significava que a recusa no referendo abriria caminho para a fragmentação das colônias. A independência imediata era possibilitada pelos arts. 78 e 86 da Constituição de 1958.

No referendo, ao contrário dos demais 12 "Estados" africanos, apenas a Guiné (sob a liderança de Sékou Touré) votou massivamente pelo *não*, emancipando-se em outubro de 1958 e aderindo ao "socialismo africano", do qual foi um dos impulsionadores. A adesão das outras colônias à Comunidade Francesa desgastou-se rapidamente, por causa do centralismo metropolitano e do exemplo guineense. Em 1959, ocorreu outro Congresso de Bamako, no qual

Senegal e Sudão Francês (Mali, Níger e Alto Volta[VI]) formaram a Federação do Mali, requerendo independência para 1960, mas durante poucos meses, até a independência do Senegal e do Mali.

Em 1982, o Senegal constituiu com a Gâmbia a Confederação da Senegâmbia, que também não sobreviveu. Estava aberto o caminho para a independência e a balcanização. Em 1960, as quatro colônias restantes da África Ocidental Francesa organizaram uma aliança que alcançou a soberania no mesmo ano. Daomé, Níger, Alto Volta e Costa do Marfim tornaram-se repúblicas independentes, e a África Equatorial Francesa dividiu-se em países independentes: Chade, República Centro-Africana, Congo (Brazzaville, atual República do Congo) e Gabão.

O Império Francês na África não existia mais, e os países surgidos da divisão administrativa colonial do pós-guerra eram uma realidade – assim como a pobreza, a fragmentação e o bloqueio da possibilidade de uma África francófona integrada, seja de forma federada, seja de forma unitária. Esse objetivo foi frustrado pela ação metropolitana e pelos diferentes níveis de desenvolvimento de cada região colonial, que, com a intensidade de integração à economia mundial e a sobrevivência de formas sociais arcaicas, produziram países que somente poderiam unificar-se sob fortes e autoritários governos reformistas.

No Oceano Índico, Madagascar, mais que uma ilha do litoral africano colonizada pelos franceses, é uma ilha-continente com uma civilização híbrida, fruto de cruzamento étnico-cultural e ponto de encontro das relações econômicas entre a África e a Ásia

---

VI. Atual Burkina Faso.

insular. Essa imensa ilha apresenta flora e fauna originais, sendo povoada por malaio-polinésios a leste e bantos africanos a oeste. As tropas anglo-americanas ocuparam a ilha em 1942 e a entregaram, em 1943, aos "franceses livres" de De Gaulle. Madagascar recebeu o *status* de autogoverno em 1946, mas a França não reconheceu a oposição nacionalista, o Movimento Democrático da Renovação Malgaxe (MDRM), que coordenou um levante geral em 1947. A repressão massiva dos franceses causou 80 mil mortes. Membro da Comunidade Francesa desde 1958, Madagascar se tornou independente em 1960, sob a liderança do Presidente Philibert Tsiranana, do partido social-democrata, que manteve um regime parlamentarista e neocolonial.

As antigas colônias alemãs tuteladas pela França eram constituídas por Togo e parte de Camarões, sob mandato da Liga das Nações e, posteriormente, da Organização das Nações Unidas (ONU). Como os organismos internacionais impunham características específicas, a independência desses países não se deu com o fim do Império Francês. Togo se tornou independente em 1960, após alcançar autonomia em 1955. Camarões se tornou independente no mesmo ano, fundindo-se com a parte sob tutela inglesa em 1961 e constituindo uma unidade política territorialmente demarcada pelo Império Alemão, desmantelado em 1918.

A descolonização e a balcanização obstacularizam o desenvolvimento africano integrado. Como resultado disso, a negritude e o pan-africanismo, que seriam as bases da África moderna, tornaram-se discursos mobilizantes e objetivos de longo prazo. O trabalho imediato era construir os Estados, inseri-los na política internacional e resolver os pesados déficits gerados pelo colonialismo.

A tendência da unificação africana e de uma política internacional integrada ficou subordinada às singularidades de cada país. Nesse quadro, a França manteve sua preponderância e continuou com a direção da região por meio do controle financeiro na área do franco, da francofonia e da ação de suas tropas no apoio de governos que perdiam sua base nacional de sustentação.

(3.4) A DESCOLONIZAÇÃO DA ÁFRICA BRITÂNICA

O Império Colonial Britânico na África apresentava-se dividido em grupos: as colônias dispersas da África Ocidental, as colônias estratégicas da África Oriental e as colônias da África Central. Mesmo tendo sido incorporadas em momentos e por razões diferentes, todas apresentam a mesma estrutura básica do imperialismo britânico: **administração indireta**. Com exceção da África Ocidental, existiam fortes, concentradas e ricas minorias brancas, beneficiárias da expropriação das terras nativas, e grupos maiores de imigrantes asiáticos, condições que geraram situações diferenciadas de emancipação política e problemas enfrentados pela descolonização. Ao fim da Segunda Guerra Mundial, em 1945, reuniu-se o V Congresso Pan-Africano em Manchester. Ao contrário dos anteriores, nele houve o predomínio de africanos. Os delegados discutiram *"tomando conciencia común de su situación, elaborando conclusiones y principios de acción"* (Carreras, 1985, p. 561). Destacaram-se aqueles indivíduos que teriam papel relevante e decisivo na descolonização africana dos três grupos coloniais britânicos.

3.4.1 A DESCOLONIZAÇÃO DA ÁFRICA OCIDENTAL BRITÂNICA

As fragmentadas colônias da África Ocidental foram as primeiras a alcançar a independência. Após a Segunda Guerra Mundial, em face do crescimento do nacionalismo e da inexistência de colonos brancos, os britânicos implementaram políticas de unificação – unitária ou federal – em cada colônia. Com isso, objetivavam uma longa e lenta transição ao sistema de participação na Comunidade Britânica de Nações (*Commonwealth of Nations*). A crise econômica e as diferenças internas de desenvolvimento aceleraram a concessão de independência para evitar insurreições. Entre 1951 – ano de início das experiências de autogoverno – e 1965, todas essas colônias alcançaram a independência sob a forma republicana.

A Costa do Ouro alcançou a independência em 1957, sendo a primeira colônia de exploração a conquistar soberania. Teve seu nome alterado para *Gana*, denominação do antigo e poderoso império centro-africano anterior à conquista da África. Desde 1946, o país lutava por sua emancipação. Em 1947, Nkrumah assumiu a liderança da luta, sendo preso em virtude de greves e manifestações de massa. Nkrumah, preso, e seu partido, o *Convention People's Party* (CPP), alcançaram a vitória nas eleições de 1951. Sua designação como primeiro-ministro do regime colonial autônomo permitiu a elaboração de uma nova Constituição e o pedido de independência total, concedida em 1957. Em 1960, Gana tornou-se uma república, participando ativamente do movimento terceiro-mundista de 1957 até a queda de Nkrumah, em 1966, e destacando-se na luta pela construção do pan-africanismo e pela independência do continente.

O governo de características socializantes procurou desenvolver o país para escapar do neocolonialismo, teorizada por Nkrumah (1967) em seu livro *Neocolonialismo: último estágio do imperialismo*, cujo título parafraseia a obra *Imperialismo, fase superior do capitalismo*, de Lênin.

Em 1960, a Nigéria tornou-se independente sem ter solucionado as contradições resultantes da associação imposta pelo Império Britânico de três regiões, com estruturas, economias, etnias e culturas diferentes e antagônicas. O trágico resultado disso foi a Guerra de Biafra, de 1967 a 1970. A Nigéria independente foi o resultado mais negativo da política britânica de administração imperial indireta e de agrupamento territorial artificial. A Constituição nigeriana de 1954, outorgada para fazer frente ao nacionalismo emergente, criou um governo federal autônomo sobre bases regionais. Cada região manteve estruturas próprias e se subordinou ao controle central da capital, Lagos. A frágil unidade política espelhava as desigualdades de desenvolvimento econômico, político, social e cultural do novo país. A república, criada em 1963, manteve as contradições e a artificialidade, o que impediu o desenvolvimento por meio da exploração petrolífera. A impossibilidade de se unificar o país – herança do colonialismo e da independência – manteve o conflito pelo controle federal entre as três regiões: Hauçá, muçulmana e feudal, ao norte; Iorubá, animista e camponesa, a oeste; e Ibo, cristã, camponesa e mercadora, a leste.

Em 1961, a pequena colônia de Serra Leoa – constituída para receber os escravos resgatados do tráfico clandestino – alcançou sua independência. Gâmbia – um enclave ao longo do Rio Gâmbia –, colônia pequena, mas estratégica, foi o último país da

África Ocidental britânica a alcançar a independência, conquistada em 1965.

3.4.2 A DESCOLONIZAÇÃO DA ÁFRICA ORIENTAL BRITÂNICA

A conquista e a colonização da África Oriental pelos britânicos obedeceram basicamente a dois objetivos estratégicos: (1) assegurar a estabilidade do Egito e do Canal de Suez e (2) dominar o Oceano Índico para defender sua principal colônia, a Índia. A ocupação da região foi determinada pelos projetos dos imperialistas instalados na África do Sul: a construção da ferrovia Cabo-Cairo, que ligaria o sul da África ao Mediterrâneo. A ocupação desses territórios foi realizada em um quadro de rivalidade com a Alemanha Imperial antes da Primeira Guerra Mundial. Como meio de dominação, os britânicos utilizaram os mecanismos da administração indireta e da cristalização e sobrevivência das sociedades tradicionais. Economicamente, manteve-se a exploração dos produtos tradicionais e de poucas matérias-primas, o que destoou da ocupação dos férteis planaltos quenianos por poderosos colonos que instalaram grandes fazendas agrícolas e pecuárias. O resultado disso foi a concentração de um grupo minoritário, metropolitano e poderoso, contrário ao desligamento da metrópole. Nas outras áreas da África Oriental, o contingente de colonos brancos era insignificante, embora houvesse comunidades de imigrantes asiáticos ligados ao comércio e aos serviços.

A independência indiana e a nacionalização do Canal de Suez tornaram desnecessária a manutenção da Somália, área de ocupação estratégica britânica e italiana no Chifre da África. Tal situação permitiu que a colônia fosse a primeira da região a se descolonizar, em 1960. O novo Estado assumiu a forma republicana, mas, extremamente pobre e com parte da população nômade, terminou por se envolver nos conflitos da região, provocados pela Segunda Guerra Fria, e sofrer uma virtual desagregação na década de 1990.

Ao fim da Segunda Guerra Mundial e com a vitória do Partido Trabalhista, a Grã-Bretanha reconheceu a necessidade de acabar com a dominação colonial. A Federação da África Oriental uniu Uganda, Quênia e Tanganica e evoluiu gradualmente para o autogoverno e para a soberania dentro da Comunidade Britânica, com uma estrutura multirracial de representações desproporcionais. A incapacidade britânica de integrar as economias e de estabelecer bases políticas democráticas motivou uma reação política por parte do reino de Buganda (protetorado de Uganda), dos colonos do Quênia e da população africana de Tanganica, que ficaria brutalmente sub-representada no Legislativo: um eleitor branco correspondia a 450 nativos africanos. A composição proposta pelos britânicos fracassou, e as colônias alcançaram a independência.

Da possível Federação, a primeira região a se tornar independente foi Tanganica, em dezembro de 1961. Essa antiga colônia alemã estava sob tutela britânica como "mandato" da Sociedade das Nações desde a Primeira Guerra Mundial. Tanganica tinha expressivas minorias árabes e asiáticas, subsumidas pela maioria organizada no *Tanganyika African National Union* (Tanu). Esse partido nacionalista, criado em 1954 por Julius Nyerere[VII], conquistou a

---

VII. *Julius Nyerere (1922-1999) foi nomeado primeiro-ministro de Tanganica em 1959. Com a independência, passou à função presidencial, que exerceu até 1985.*

independência em dezembro de 1961 e transformou o país, em 1962, em uma república socializante. Em abril de 1964, surgiu a República Federal da Tanzânia, resultante da fusão de Tanganica com Zanzibar. Este último havia sido um protetorado britânico no litoral da África Oriental, dirigido por uma dinastia muçulmana de Omã, na Península Arábica. Era baseado inicialmente no tráfico de escravos e, posteriormente, passou a se basear na produção de cravo e especiarias. Na dissolução do Império Britânico, parte da área continental de Zanzibar foi cedida ao Quênia. Em dezembro de 1963, transformou-se em uma monarquia independente que foi derrubada um mês depois pelo movimento popular local, constituído basicamente pela maioria africana excluída da participação política.

Outro Estado que surgiu nesse contexto foi Uganda. Constituído de vários reinos locais, sendo Buganda o mais rico e poderoso, o país foi fruto da administração indireta inglesa e da artificialidade dos protetorados, no quadro do "colonialismo como sistema". Uganda era a área mais populosa e rica da África Oriental britânica; sua economia era baseada na propriedade camponesa e na produção para exportação. O sistema político interno fortaleceu o *kabaka* (rei) de Buganda e seu conselho. Formado em Oxford, Inglaterra, o *Kabaka* Mutesa III usou sua posição para minar a formação da Federação; ele temia a preponderância política da minoria branca queniana no sistema multirracial e a maioria negra democrática e não subordinada ao poder real nas outras regiões do novo Estado. Sua intransigência levou à transformação de Uganda em um Estado independente federal monárquico de características singulares: autocrática em Buganda e democrática nos outros reinos. A vitória eleitoral do Congresso do Povo de Uganda (UPC), sob a direção de Milton Obote, em 1961, abriu caminho para a independência do país em outubro de 1962. O progresso independentista e unificador culminou em fevereiro de 1966, quando a monarquia foi substituída por uma república presidida por Obote, surgindo o Estado unificador de uma rica sociedade agrícola de camponeses e granjeiros africanos.

O terceiro Estado surgido do fracassado projeto da Federação foi o Quênia, cujo processo de independência foi conturbado e envolveu operações policiais – uma verdadeira "guerra" inglesa contra a maioria kikuio, antigos donos das melhores terras agrícolas. Como já comentamos, nos planaltos quenianos, instalou-se uma vigorosa e rica minoria de grandes proprietários ingleses, cuja expansão baseava-se na apropriação de terras dos nativos. Essa minoria, por meio de um conselho, apoiava e manejava a administração colonial. O empobrecimento e as espoliações levaram os kikuios à reação pelo movimento terrorista Mau Mau, o que resultou em uma violenta e generalizada repressão sobre os africanos – as tais operações policiais que mencionamos –, com a criação de campos de prisioneiros, controle da população e prisão de moderados como Jomo Kenyatta, dirigente da União Africana do Quênia (KAU). A impossibilidade da implementação do multirracialismo – forma política na qual a minoria branca teria o mesmo número de representantes que a maioria nativa – e da Federação da África requereu uma solução negociada. Em 1960, constituiu-se a União Democrática Africana do Quênia (Kadu), vitoriosa nas eleições de 1961. Instituiu-se um autogoverno sob a direção de Kenyatta, já liberto, e de Tom Mboya, dirigente da Kadu. Em 1963, foi alcançada a independência e, no ano seguinte, o país tornou-se uma república com o governo moderado e ocidentalista de Kenyatta.

Dessa forma, fracassaram as tentativas do Reino Unido de permanecer como árbitro na região e de manter a supremacia branca no quadro da federação multirracial. A unidade político-econômica projetada foi desmantelada, e cada área seguiu um caminho próprio. Embora os países independentes permanecessem na Comunidade Britânica, alcançaram a soberania política plena e se territorializaram conforme seus estágios diferenciados de desenvolvimento e suas histórias coloniais e pré-coloniais.

3.4.3 A descolonização da África Central britânica

Na África Central, o domínio britânico se deu por meio de grupos imperialistas liderados por Cecil Rhodes e instalados na África do Sul. Além do controle de regiões ricas em minerais, os ingleses eram motivados pela disputa do projeto da ferrovia Cabo-Cairo e pelo expansionismo colonial com os bôeres. As reservas minerais, a fertilidade do solo e as reservas de mão de obra africana possibilitaram o entrelaçamento das duas Rodésias – a do Sul (atual Zimbábue), agrícola, e a do Norte (atual Zâmbia), mineradora, com Nyassa (atual Malaui) rica em mão de obra. Em 1953, essas três áreas tornaram-se federadas, adquirindo autonomia governamental e uma assembleia federal multirracial, com o esmagador predomínio dos brancos racistas. O sistema permitia a permanência dos britânicos na área – como árbitros e protetores – e garantia a supremacia dos colonos brancos, o que intensificou os movimentos nacionalistas africanos em Nyassa e na Rodésia do Norte.

Os insurgentes acreditavam que seria reproduzido ali o sistema racista da África do Sul.

No fim da década de 1950, a intransigência dos colonos e o nacionalismo africano levaram à deterioração da situação. Em 1959, foi estabelecido o estado de emergência na Federação. Se, na Rodésia do Sul, o grande número de colonos que controlavam o governo autônomo realizou uma verdadeira caça e submissão dos africanos, na Rodésia do Norte, o Partido Nacional Unido da Independência (PNUI) e, em Nyassa, o Partido do Congresso do Malaui (PCM) consolidaram-se e incrementaram a luta pelo fim da Federação e pela independência dos africanos. Em 1963, a Federação, embora fosse um projeto razoável para o desenvolvimento regional, foi dissolvida. Seus principais problemas foram o racismo, a supremacia dos brancos e a incapacidade de integrar as três áreas em uma unidade. A evolução autônoma levou a processos conflituosos de independência.

Com diferença de meses, a evolução da conjuntura de Nyassa e da Rodésia do Norte possibilitou governos autônomos africanos e, posteriormente, a independência. Nyassa tornou-se independente em 1964, governada pelo PCM, dirigido pelo médico Hastings Kamuzu Banda desde as eleições de 1961. Em 1966, o Malaui, nome que adotou na independência, tornou-se uma república com governo conservador e laços com a África do Sul. A Rodésia do Norte tornou-se a República da Zâmbia em outubro de 1964, sendo presidida pelo líder do PNUI Kenneth Kaunda, que dirigia um governo autônomo dos nacionalistas africanos desde as eleições de 1962, quando os partidários da supremacia branca e os interesses dos mineradores reduziram sua representatividade. O governo da Zâmbia, para fugir da pressão racista do sul e do estrangulamento de sua economia mineradora, estabeleceu intensos vínculos econômicos com a afro-socialista Tanzânia.

Na Rodésia do Sul, o poder político dos brancos, baseado no grande número de colonos e na industrialização incipiente, controlou ferreamente o país e manteve a maioria africana em um *status* de inferioridade absoluta. A repressão aos movimentos nacionalistas levou-os à guerrilha. Dadas as pressões internacionais, principalmente africanas, o governo branco proclamou a independência com o apoio português e sul-africano. O governo da Frente Rodesiana, sob o comando de Ian Smith, após haver abandonado a Comunidade Britânica em 1966, proclamou a república, em 1970. O fim do Império Português, em meados da década de 1970, tornou a situação sul-rodesiana insustentável: a guerrilha africana – única solução para a intransigência racista – transformou o campo de prisioneiros em um campo de batalha. Em 1979, a República da Rodésia, a União Popular Africana do Zimbábue (Zapu) e a União Nacional Africana do Zimbábue (Zanu) estabeleceram o Acordo de Londres, buscando uma solução pacífica para a consagração da derrota dos racistas. As eleições levaram à maioria da Frente Patriótica (aliança de Zanu e Zapu), o que resultou no reconhecimento da independência em 1980, assumindo a presidência Robert Mugabe, da Zanu.

Os protetorados britânicos no sul da África, enclaves territoriais na África do Sul, exceto a Bechuanalândia, conseguiram a independência na década de 1960. A Bechuanalândia tornou-se, em 1966, a República de Botsuana. No mesmo ano, foi instituído o Reino do Lesoto, o protetorado de Basutolândia. A Suazilândia tornou-se uma monarquia independente em 1968. Tanto o Lesoto quanto a Suazilândia tornaram-se reservas de mão de obra para a África do Sul, já que estavam encravados em seu território.

(3.5)
A DESCOLONIZAÇÃO DOS IMPÉRIOS SECUNDÁRIOS

Por *impérios secundários* ou *menores* na África Subsaariana entendemos o Belga, o Espanhol e o Português. Sua influência, independentemente da extensão territorial ou da amplitude temporal de dominação e exploração, é definida pela posição das metrópoles no quadro das potências imperialistas coloniais. Se excetuarmos a curta permanência alemã na África, teremos como império colonial de menor duração o Belga e como de maior duração o Português e o Espanhol. Ao contrário dos britânicos e dos franceses, esses colonialismos secundários não tiveram preocupação em criar elites locais. Por mais insignificantes que fossem, esses impérios não se preocuparam em desenvolver elementos de autogoverno nem em assimilar parte dos colonizados à civilização metropolitana.

Marcados por um paternalismo de influência racista, tais impérios se viam como eternos senhores das regiões africanas e foram palco dos processos de descolonização mais traumáticos e com os efeitos mais críticos, tanto pela rápida retirada dos belgas como pela encarniçada resistência de portugueses e espanhóis. Do ponto de vista histórico, esses colonialismos apresentam significativa importância: os portugueses foram os primeiros a implementar o domínio europeu na África Subsaariana, na época das Grandes Navegações, e a expansão dos interesses do Rei Leopoldo da Bélgica esteve na base da partilha da África. Por sua localização temporal, examinaremos os casos portugueses no Capítulo 5.

3.5.1 O Congo belga

O rico território dos belgas não era constituído apenas pelo Congo: após a Primeira Guerra, eles receberam, como fideicomisso, o mandato da Sociedade das Nações – revalidado pela ONU – para as colônias alemãs de Burundi e Ruanda. Fazendo fronteira com o Congo, essas colônias formaram um bloco. As potencialidades agrícolas e as matérias-primas vegetais e minerais eram exploradas por monopólios da metrópole. O paternalismo desta submetia as populações ao atraso e à inferioridade. Foi apenas na década de 1950 que os belgas começaram a pensar na possibilidade de uma emancipação em longo prazo, mas nada fizeram para resolver os déficits criados pela dominação colonial.

Nesse contexto, surgiram os primeiros movimentos nacionalistas no Congo: a Aliança do Povo do Congo (Abako) foi o primeiro desses movimentos, criado por Joseph Kasa-Vubu. Tendo base territorial e étnica na região das populações bacongo, próximo à capital da colônia (Leopoldville, atual Kinshasa), alcançou a vitória nas primeiras eleições municipais, realizadas em 1957. Outro grupo de populações colonizadas foi o Movimento Nacional Congolês (MNC), surgido em 1958 sob o comando de Patrice Lumumba, defensor de um Congo centralizado e interétnico. Paralelamente, surgiram tendências federalistas baseadas na rica província mineradora do sul e com o apoio da *Union Minière du Haut Katanga* – monopólio minerador colonial –, lideradas por Moïse Tshombe, promovendo tensões políticas internas e com a metrópole. Devemos considerar uma conjuntura composta por Guerra Fria, riqueza mineral da colônia (cobre e urânio), Conferência de Bandung e desenvolvimento do nacionalismo na África. Assim, em 1959, a Bélgica mudou radicalmente de posição sobre sua dominação colonial, convocando, em 1960, uma conferência em Bruxelas, que determinou a independência do Congo, ocorrida após as eleições.

O governo nacional foi estabelecido com Kasa-Vubu como presidente e Lumumba como primeiro-ministro. Com isso, afloraram os efeitos do paternalismo colonial e da diferença de desenvolvimento regional, sem que negociações internas ou disputas arbitradas tivessem preparado as condições mínimas para a acelerada retirada belga, que abriu espaço para confrontos e conflitos políticos e regionais com o apoio de grupos étnicos. O endurecimento dos confrontos entre unitários (Lumumba) e federalistas (Kasa-Vubu e Tshombe) provocou uma guerra civil e regional sobre bases étnicas – implementadas regionalmente – e a secessão da rica região de Katanga, em 1960. A guerra buscava impedir que o MNC impusesse o modelo político de Estado unitário, em prejuízo dos interesses locais e particulares das regiões mais ricas e desenvolvidas. Com o apoio da *Union Minière* e o uso de mercenários e de tropas belgas, Tshombe iniciou uma sangrenta guerra civil.

O discutido apoio militar da ONU, a pedido de Lumumba, não impediu a destituição, prisão e morte (1961) deste nas mãos dos katangueses. Em 1963, foi restaurada a integridade territorial do Congo. A ONU impediu a fragmentação do país, mantendo ali sua missão até 1964. A região de Katanga foi reincorporada, e o dirigente da secessão, Tshombe, foi nomeado primeiro-ministro. Em 1965, o General Mobutu Sese Seko conquistou o poder por meio de um golpe de Estado, centralizou o poder, organizou uma nova Constituição e, em 1966, criou uma ditadura pessoal sustentada por um novo partido único. Do golpe até sua derrubada, em 1997, Mobutu foi um aliado apoiado e sustentado pelos países ocidentais. Em outubro de 1971, no auge do processo de africanização promovido por Mobutu, o Estado adotou o nome de *República do Zaire*. A origem africana da palavra *Zaire*, corrompida pelos colonizadores, significa "o rio que engole outros rios" e refere-se à bacia do caudaloso Rio Congo.

3.5.2 Ruanda e Burundi

Nas duas colônias belgas, a população colonizada dividia-se em dois grupos étnico-sociais de características feudais. O poder local – reinos feudais – se manteve desde a época da conquista, e o domínio e a exploração coloniais se sobrepuseram às flexíveis e permeáveis estruturas dominadas pelos tutsis (pastores, aristocratas e guerreiros), que exploravam os hutus (camponeses). O colonialismo – alemão e belga – cristalizou tais estruturas e, de certa forma, tribalizou-as e politizou-as. Os tutsis, transformados em uma etnia-classe, foram utilizados como agentes locais da dominação e da exploração da maioria, constituída pelos hutus. Com a proximidade da independência, ambos os grupos se organizaram em partidos com bases étnico-sociais e com propostas diferentes a respeito da forma política e social dos futuros Estados. Em 1960, a Bélgica e a ONU começaram a preparar a descolonização dessas colônias.

Entre 1959 e 1961, em Ruanda, o conflito entre a maioria hutu, republicana, e a minoria tutsi, monarquista, permeou a instalação do autogoverno, em 1960. Os hutus não apenas derrotaram os tutsis, destruindo a monarquia, como também o seu partido ganhou as eleições. Em julho de 1962, a independência e a república foram proclamadas, e um Tratado de Amizade e Cooperação transpôs o país para a esfera de influência francesa. A história independente de Ruanda foi a de um permanente conflito político e social, mascarado pela ideia de luta étnica e intertribal. No Burundi, a independência estabeleceu a soberania da monarquia tutsi, em 1962, após um ano de autonomia interna. Tal monarquia não impediu confrontos semelhantes aos dos ruandeses. Em 1966, foi proclamada uma república com partido único sob o comando dos tutsis, momento a partir do qual sua história não difere muito da de Ruanda.

3.5.3 A DESCOLONIZAÇÃO DO IMPÉRIO ESPANHOL

Das colônias da Espanha na África – Ifni, Saara Ocidental e Guiné Equatorial – apenas a última pertence à África Subsaariana. Constituída pelo território do Rio Muni e das Ilhas de Fernando, Pó, Anabon, Corisco e Elobeyes, a Guiné Equatorial era a menor colônia europeia na África e se tornou o menor país continental independente do continente. Em 1958, a colônia foi transformada em província, na qual se desenvolveram vários movimentos nacionalistas. Em 1963, passou para o estatuto da autonomia interna. O crescimento do nacionalismo levou a um acordo descolonizador na Conferência de Madri, entre 1967 e 1968, realizada entre nacionalistas e espanhóis. Alcançada a independência em 1968, o governo do Presidente Francisco Macías se tornou uma repressiva ditadura pessoal e provocou empobrecimento e migrações. Em 1979, Macías foi deposto por um golpe.

(3.6)
Considerações finais sobre a descolonização africana

Dois aspectos que não analisamos nesta síntese merecem destaque: o neocolonialismo – vital na independência e na construção dos Estados africanos – e a ausência da África do Sul. O tema do **neocolonialismo** – ou **pós-imperialismo**, segundo Amin (1981) – merece estudo específico e está muito mais relacionado à história da África independente. Em relação à **ausência da África do Sul**, acreditamos que a história recente desse país não corresponde à luta contra a dominação colonial, mas à da maioria da população contra um regime racista, explorador e repressivo de base interna.

Além da diferença temporal, tendo a Conferência de Bandung como marco divisório, destacamos a descolonização pela formação de novas sociedades, marcadas por transformações impostas pela própria descolonização e pela recuperação de elementos do passado histórico dos países. Podemos classificar os processos de descolonização conforme o mecanismo empregado para sua realização. Nesse caso, constatamos que aqueles limitados à conquista da independência e da soberania política, sem constituir uma nova base para o Estado nascente, foram insuficientes e acabaram subordinados às estratégias metropolitanas de descolonização e à dinâmica do desenvolvimento imperialista do pós-guerra, com sua forma neocolonial.

Os processos que construíram uma nova base social, reconhecendo as mudanças produzidas pelo colonialismo e recuperando criticamente elementos do passado pré-colonial do país, alcançaram a soberania política e elevado nível de legitimidade para o Estado nascente. Tal característica deveu-se ao acompanhamento da luta pela independência e por mudanças sociais, econômicas e culturais. A luta para impor o rumo do futuro dos novos países neutralizou as estratégias metropolitanas e livrou tais países das limitações impostas pelo neocolonialismo. O resultado disso foi a estabilidade política e um elevado nível de coesão e legitimidade, sempre pressionados e tensionados pela Guerra Fria. Ao contrário das emancipações exclusivamente políticas, neste segundo caso, os países não tiveram de enfrentar golpes de Estado e mudanças radicais de orientação.

De qualquer forma, a descolonização foi um fator decisivo na conformação da história mundial da segunda metade do século XX e esteve, direta ou indiretamente, relacionada à questão do enfrentamento da Guerra Fria.

FIGURA 3.1 – DOMINAÇÃO COLONIAL NA ÁFRICA

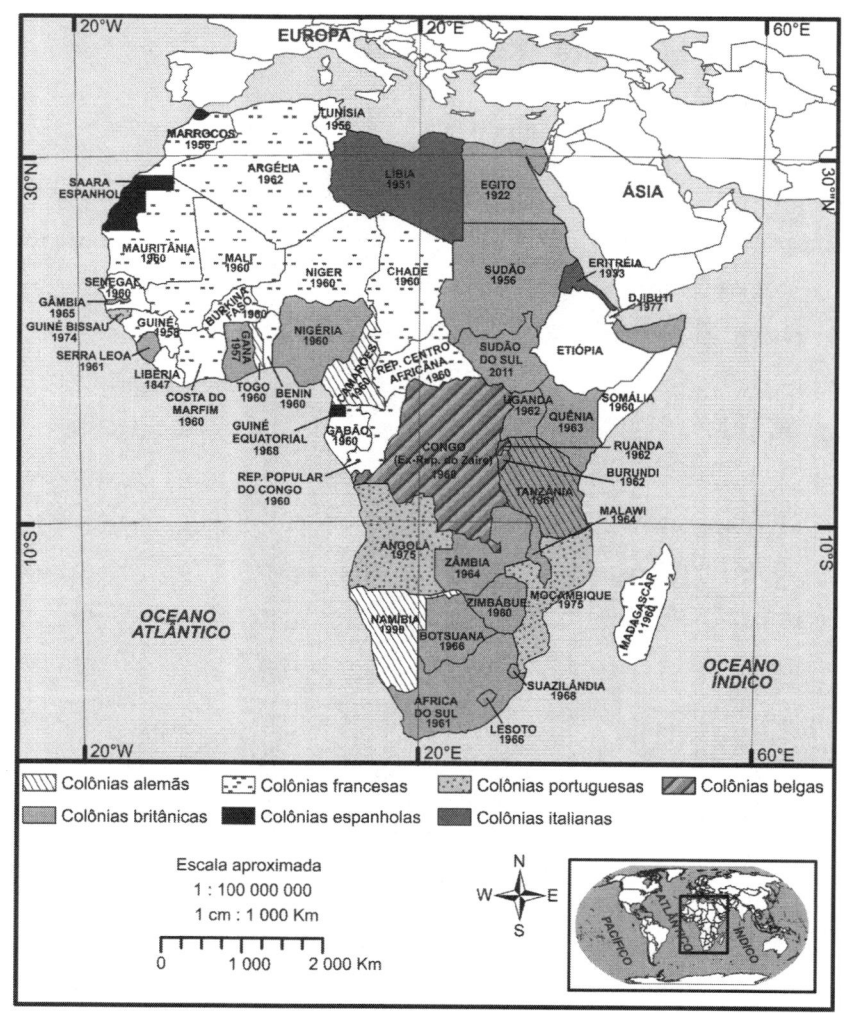

OBSERVAÇÃO: OS ANOS SE REFEREM ÀS DATAS DE INDEPENDÊNCIA.

Na Figura 3.1, apresentamos o mapa que representa a dominação colonial na África. Nele podemos observar a presença e a extensão de cada império. Com isso, vemos que os Impérios Francês e Britânico eram os de maior extensão.

SÍNTESE

Neste capítulo, tratamos do processo de descolonização africana, bem como dos movimentos político-ideológicos (negritude e pan-africanismo) que constituíram as bases da libertação nacional e da cooperação continental no período final dos impérios coloniais. Conferimos especial atenção às características específicas dos impérios e da conquista da soberania política por parte dos novos Estados africanos em face da diversidade dos processos colonizatórios e dos projetos metropolitanos para a manutenção de domínio sobre o continente. Discutimos, ainda, a diferença da descolonização entre os maiores e mais maduros imperialismos e os imperialismos mais modestos e secundários, que opuseram maior resistência a esse processo.

QUESTÕES PARA REVISÃO

1) Por que as metrópoles coloniais insistiam no gradualismo para a descolonização africana?

2) Como as estruturas coloniais provocaram diferentes formas de dominação e resistência na África?

3) Classifique as seguintes afirmações como verdadeiras (V) ou falsas (F):

( ) O conceito de *Terceiro Mundo* se refere ao conjunto de países que apresentavam características comuns e enfrentavam problemas semelhantes após a descolonização, além de demonstrarem unidade de sistemas políticos e de princípios ideológicos e religiosos. Esses países sofriam com o subdesenvolvimento e com a dependência em relação às antigas potências coloniais.

( ) Os chamados *impérios menores* ou *secundários* na África (de Espanha, Portugal e Bélgica) apresentaram processos de descolonização que estão entre os mais traumáticos e de efeitos mais críticos no continente africano, em virtude da rápida retirada dos belgas e da encarniçada resistência de portugueses e espanhóis.

( ) A ideia da existência de um Terceiro Mundo, diferente do capitalista e do comunista, consolidou-se com a Conferência de Bandung, realizada na Indonésia.

( ) A independência da Argélia ocorreu no início da década de 1960 e pôs fim à dominação francesa de forma pacífica, por meio da realização de um referendo.

( ) O pan-africanismo pode ser caracterizado como um conjunto de ideias assentado sobre uma herança comum de escravidão, colonialismo e racismo. O movimento, nascido fora da África, assim como o da negritude, buscava reunir africanos e comunidades da diáspora negra em países como os Estados Unidos e a França, em prol de uma aliança solidária africana que possibilitasse o empoderamento do continente e dos africanos.

4) Marque a opção que completa a frase corretamente:

Na região de Ruanda e Burundi, os _____, transformados em uma etnia-classe, foram utilizados como agentes locais da dominação e da exploração da maioria, constituída pelos hutus. Com a proximidade da independência, ambos os grupos se organizaram em partidos com bases étnico-sociais e com propostas diferentes a respeito da forma política e social dos futuros Estados. Em 1960, a _____ *e a ONU começaram a preparar a descolonização dessas colônias.*

( ) hutus – Espanha
( ) tutsis – Bélgica
( ) berberes – Holanda

5) Marque a opção que completa a frase corretamente:

Entre os chamados grandes impérios *no continente africano, estão os Impérios* _____ *e* _____.

( ) Espanhol – Português
( ) Norte-Americano – Polonês
( ) Britânico – Francês

QUESTÕES PARA REFLEXÃO

1) Analise as características gerais da descolonização africana nas colônias francesas e inglesas, discutindo em que medida esses processos de independência foram uma conquista ou uma concessão.

2) Os movimentos de negritude e pan-africanismo, surgidos no início do século XX, combatendo o racismo, tiveram importante papel ideológico nas lutas de libertação na África. Você consideraria que eles se mantêm atuais?

Para saber mais

SANTIAGO, T. (Org.). **Descolonização**. Rio de Janeiro: F. Alves, 1977.

Nesse livro, são analisados os diferentes mecanismos de descolonização e seus efeitos.

M'BOKOLO, E. **África Negra**: história e civilizações – do século XIX aos nossos dias. Lisboa: Edições Colibri, 2009. Tomo II.

A obra apresenta a história da África escrita por um historiador africano e na perspectiva dos africanos.

KI-ZERBO, J. **História da África Negra**. Lisboa: Europa-América, 1991.v. 2.

Trata-se do primeiro livro de história da África escrito por um africano com formação acadêmica francesa. São discutidas a complexidade e a diversidade da história do continente.

Capítulo 4
A ÁSIA no SISTEMA MUNDIAL: a LONGA MARCHA na CONSTRUÇÃO de uma ORDEM MULTIPOLAR

Conteúdos do capítulo

- A Ásia nas relações internacionais contemporâneas.
- O desenvolvimento e a política externa do Japão e da China.
- As relações internacionais da Península Coreana.
- O desenvolvimento e a política externa da Índia.
- A Ásia diante da nova ordem multipolar.

Após o estudo deste capítulo você será capaz de:

1. compreender o papel da Ásia nas relações internacionais contemporâneas;
2. identificar as grandes questões estratégicas do cenário asiático;
3. comparar os interesses e as estratégias da inserção internacional do Japão, da China e da Índia, bem como entender a importância desse fato para as relações internacionais.

As transformações ocorridas no sistema internacional desde o fim do século XX, como o fim da Guerra Fria, a revolução tecnológica e os processos de globalização e regionalização, têm colocado a região da Ásia-Pacífico em uma posição central na nova fase de desenvolvimento mundial e na redefinição das relações internacionais. Grande parte da atenção internacional tem se dirigido para essa região, com sua trajetória econômica e política peculiar. O fim da bipolaridade mundial gerou discussões sobre o novo equilíbrio do sistema mundial. Os analistas dividem-se em correntes, entre a redefinição do poder mundial estadunidense e seu declínio como resultado da ascensão de outros polos regionais. De fato, embora a capacidade militar dos Estados Unidos tenha se ampliado consideravelmente nos últimos anos, ou seja, desde o início do século XXI, um conjunto de potências médias, articuladas regionalmente por meio de arranjos econômicos e políticos, tem colocado em questão a unipolaridade estadunidense e levantado a necessidade da **multipolaridade** como quesito essencial para assegurar o equilíbrio nas relações internacionais.

Nesse contexto, as divisões regionais, políticas e ideológicas da Guerra Fria têm sido reconfiguradas, tornando a Ásia um espaço geopolítico e econômico único, embora ainda persistam clivagens, disputas e indefinições. A Península Coreana também tem sido considerada uma região sensível na criação de uma nova ordem asiática. Neste capítulo, concentraremos nossa análise no desenvolvimento asiático e nas relações internacionais do Japão, da China, das Coreias e da Índia desde a Guerra Fria, para verificar como tais relações interferem na formação de um entendimento da inserção estratégica asiática nesse período e na construção de um mundo multipolar.

(4.1)
A ÁSIA COMO NOVO EPICENTRO E O ENTENDIMENTO ASIÁTICO NO MUNDO PÓS-GUERRA FRIA

Após 1945, as relações dos países asiáticos eram perpassadas pelo conflito Leste-Oeste, União Soviética *versus* Estados Unidos. Os países estavam divididos em uma zona de influência soviética (China, Coreia do Norte, Mongólia, Vietnã) e em uma zona de influência estadunidense (Japão, Coreia do Sul, Taiwan, Hong Kong, Tailândia, Filipinas), com alguns desdobramentos que até o presente fazem sentir seus efeitos (Menzel, 1996). Dessa forma, a Ásia ainda apresenta contrastes extremos: o continente alia as contradições Norte *versus* Sul, socialismo *versus* capitalismo e Ocidente *versus* Oriente. Embora devamos levar em conta essas diversidades, em qualquer análise sobre a história da Ásia verificamos que ocorreu, a partir do fim dos anos 1980, uma **descompartimentalização**, com a tendência de se formar um único cenário estratégico (Vizentini, 1997).

Desde a década de 1980, as relações entre os países da Ásia foram se aprofundando, o que consolidou uma dinâmica própria nas relações inter-regionais:

> *Junto a um aumento do comércio entre seus membros, um crescente fluxo de investimentos vinculou com mais força os países. Muitos deles colocaram a necessidade de estabelecer algum mecanismo permanente de cooperação, com o fim de melhorar o diálogo e eventualmente estabelecer pressões conjuntas nos foros internacionais.* (Di Masi, 1997, p. 179)

As diversas formações sociais e estatais existentes na Ásia têm caminhado para entendimento e respeito mútuos, o que exige do Ocidente o respeito às diversas formas possíveis de desenvolvimento. O chamado *modelo asiático*, composto de Estado forte e interventor, economia de mercado capitalista, regimes autoritários e visões alternativas do mercado e dos direitos humanos, constitui o principal foco de crítica dos países ocidentais, que temem a inserção estratégica dos países asiáticos e sua ascensão ao poder mundial. Essa questão ficou em evidência na Conferência Mundial sobre Direitos Humanos, promovida pela Organização das Nações Unidas (ONU) e realizada em 1993, em Viena, na Áustria, quando diversos países asiáticos sustentaram que os direitos humanos deveriam ser vistos em um contexto do direito ao desenvolvimento econômico e social (Funabashi, 1994).

Os atos intrarregionais de entendimento e cooperação foram acelerados desde o fim da década de 1980. A China tem buscado ampliar e aprofundar suas parcerias, especialmente com os outros países asiáticos. A cooperação com a Rússia, desde a dissolução da União Soviética, bem como o diálogo da China com o Sudeste Asiático tornaram-se mais intensos; nesse contexto, cabe lembrarmos a parceria da China com a Coreia do Sul. O Japão também tem se envolvido com questões do continente asiático, mas seu envolvimento político ainda é atrelado às pressões diplomático-comerciais dos Estados Unidos.

O desenvolvimento recente da Península da Coreia constitui um dos pontos cruciais para o entendimento das relações internacionais asiáticas. Em torno da Península Coreana se formou uma série de **arcos concêntricos**. Scalapino (1996, p. 83) afirma que *o arco interno é constituído pelas Coreias do Sul e do Norte: até esses dois governos entrarem em algum entendimento significativo e começarem a resolver os grandes problemas, será difícil obter algum progresso na resolução da questão coreana. Acima desse arco interno, há um outro, que existe há algum tempo, constituído pelos quatro principais Estados interessados e envolvidos na Península Coreana: os Estados Unidos, a China, o Japão e a Rússia [...].*

Dessa forma, podemos considerar a Península Coreana como o epicentro das questões relativas ao nosso entendimento sobre a Ásia. Como "epicentro do epicentro", constitui uma variável essencial para o estudo da Ásia contemporânea.

Podemos observar, no surto de crescimento econômico da Ásia, diferenças de fases entre os países, que podem ser divididos em grandes conjuntos, como escreve Kennedy (1993, p. 200):

a) o Japão, hoje o maior centro financeiro do mundo e, cada vez mais, o país mais inovador em tecnologia militar;

b) os quatro tigres ou dragões do Leste Asiático, as economias recém-industrializadas de Singapura, Hong Kong, Formosa e Coreia do Sul, das quais as duas últimas têm populações e territórios maiores do que as duas cidades-Estados, mas todas desfrutam de um crescimento provocado pelas exportações em décadas recentes;

c) os estados do Sudeste Asiático, maiores, da Tailândia, Malásia e Indonésia que, estimulados pelos investimentos estrangeiros (principalmente japoneses) estão se dedicando à manufatura, montagem e exportação – havendo dúvidas quanto à inclusão das Filipinas nesse grupo;

d) finalmente, as atrofiadas e empobrecidas sociedades comunistas do Vietnã, Camboja e Coreia do Norte, bem como a isolacionista de Myanmar.

Assim, os economistas fazem uma analogia com base na imagem de "gansos voadores", sendo o Japão o "ganso líder". Os outros países seguiriam o Japão conforme o nível de desenvolvimento de suas economias. Considerando-se tal esquema interpretativo, qual seria o lugar da China nesse contexto? A China parece correr de forma paralela a esse esquema. Por suas características estruturais, em relação ao Japão, a China compete pela liderança; já em relação aos países da Associação das Nações do Sudeste Asiático (Asean), compete pela divisão internacional do trabalho.

Contudo, a própria liderança do Japão, no que diz respeito à economia, vem sendo questionada. Como afirma Scalapino (1996, p. 69), "o crescimento do Japão – suas amplas estratégias econômicas aí incluídas – tem sido rivalizado com o crescimento de outras sociedades marcadas pelo desenvolvimento tardio, especialmente as do Leste da Ásia". O próprio desenvolvimento da Coreia do Sul tornou-a uma espécie de potência média na Ásia.

(4.2)
Japão: do Extremo Oriente à Ásia-Pacífico

O Japão foi ocupado pelos Estados Unidos, do fim da Segunda Guerra Mundial até abril de 1952, com o objetivo de destruir sua capacidade militar e desmobilizar os movimentos que provocavam instabilidade política. Nesse período, foi elaborada a Constituição de 1946, vigente até a atualidade, que proibiu o Japão de ter Forças Armadas e entrar em guerras, limitando suas ações militares à autodefesa. Também foi imposta uma reforma agrária (1946) que fez com que 70% dos arrendatários pobres se transformassem em proprietários de terras e provocou a destruição dos *zaibatsus* (empresas monopolistas) por meio da venda obrigatória das ações aos particulares. Tal atitude favoreceu a livre concorrência e acabou com a competição com as empresas estadunidenses.

A partir de 1948, os Estados Unidos passaram a sentir a necessidade de uma "ponta de lança" aliada – ou seja, capitalista – na Ásia, que fizesse frente à União Soviética e à China. A Guerra da Coreia contribuiu para a necessidade por parte dos Estados Unidos de dispor de bases de apoio logístico na Ásia. O Japão assinou, em 1954, um tratado de defesa mútua com os Estados Unidos, que incluiu a instalação de bases militares estadunidenses no país. Dessa forma, desenvolveu-se uma estratégia de transformar o Japão em um aliado significativo, recuperando-o e reconstruindo-o por meio da injeção de recursos financeiros para a recuperação industrial, a modernização dos *zaibatsus* e a repressão aos movimentos de esquerda.

Esses recursos de capital, somados aos baixos salários pagos e à utilização progressiva de novos modelos de organização industrial, como o toyotismo[1], proporcionaram ao Japão uma economia dinâmica e de grande expansão. As instituições políticas conservaram certas características anteriores, como a tradição de lealdade aos chefes. A combinação desse traço cultural com um sistema clientelista garantiu o domínio do Partido Liberal Democrático (PLD), de 1955 até os dias atuais, com exceção de breves períodos entre 1993 e 1996 e entre 2009 e 2012. A base ideológica do PLD é a

---

1. *O toyotismo é o sistema de organização da produção desenvolvido pela empresa Toyota Motor Corporation desde o fim dos anos 1940; tem como fundamento o aumento da produtividade e da eficiência, evitando-se desperdícios e aumentando-se a velocidade da produção. Com origem na produção de automóveis, esse modelo de produção se espalhou para outros setores e se tornou símbolo da indústria do Japão contemporâneo.*

chamada **doutrina Yoshida**, que estipula uma estratégia nacional baseada em três pontos: (1) ênfase no desenvolvimento econômico; (2) forte relação bilateral com os Estados Unidos; e (3) discrição diplomática nos assuntos internacionais (Peres, 2009).

Com relação aos países asiáticos, cabe lembrarmos que o Japão sempre considerou a Ásia como seu território natural. Essa concepção esteve presente na expansão imperialista do país e na proposta da criação da **esfera de coprosperidade asiática** no período da Segunda Guerra Mundial. Em 1910, a Coreia foi invadida pelo Japão, que a ocupou até 1945. Essa ocupação, em que pesem os males da colonização, como a superexploração da mão de obra e dos recursos naturais, provocou uma relativa modernização da Coreia. A partir de 1965, com a retomada das relações entre Japão e Coreia, os investidores japoneses retornaram à Coreia do Sul.

O modelo de desenvolvimento japonês provocou uma relação de interdependência com os outros aliados capitalistas dos Estados Unidos na Ásia – Coreia do Sul, Singapura, Hong Kong, Filipinas e Tailândia –, com a constituição de uma zona de interesses comuns. A partir dos anos 1970, uma nova geografia econômica se configurou, com a articulação da economia japonesa com os **novos países industriais** (NPIs), ou os quatro Tigres Asiáticos – Taiwan, Coreia do Sul, Hong Kong e Singapura –, por meio de uma divisão internacional do trabalho. A indústria japonesa se transferiu para setores de tecnologia mais avançada, repassando os de tecnologia obsoleta para esses outros países. O Japão procurou, assim, manter a liderança econômica nessa divisão regional do trabalho.

Desse modo, sob o guarda-chuva nuclear estadunidense e livre de preocupações estratégico-militares, o Japão pôde se transformar em uma das maiores potências econômicas do planeta, articulando em torno de si diversas economias. Entretanto, desde o fim da Guerra Fria, a aliança militar do Japão com os Estados Unidos ficou debilitada. A desintegração soviética e o apogeu dos regionalismos econômicos conduziram ao retorno da estratégia asiática do Japão, abandonada em 1945. Operou-se, desse modo, uma "crise de identidade" e, paulatinamente, o Japão voltou a participar com mais intensidade das questões do seu continente.

Economicamente, o retorno à política asiática se manifestou no incremento do comércio japonês com a região, que tem superado a tradicional relação com os Estados Unidos durante o sistema bipolar (Oviedo, 1997). Desde a década de 1960, o Japão tem ampliado a área econômica do Extremo Oriente, transformando-a em Ásia-Pacífico, em um esforço de inclusão da Austrália e da Nova Zelândia (a "Ásia Branca") nesse processo. Nesse sentido, o Japão foi um dos membros fundadores da Cooperação Econômica da Ásia-Pacífico (Apec), em 1989, e estreitou os laços de cooperação com os países do Sudeste Asiático após a criação do Asean +3, em 1997, ao lado da China e da Coreia do Sul.

A partir dos anos 1980, a relação do Japão com os Estados Unidos apresentou sinais de conflito comercial, devido ao protecionismo japonês e ao desequilíbrio da balança comercial entre os dois países, desfavorável aos estadunidenses. Pressionado, em 1986, o Japão adotou medidas de estímulo às importações e de desregulamentação do mercado financeiro. As medidas de liberalização financeira causaram uma crise econômica nos anos 1990, resultado da supervalorização dos ativos em virtude da grande soma de recursos disponíveis nos bancos e da especulação financeira e imobiliária.

A crise chegou ao auge em 1991, em meio a um intenso movimento de venda dos ativos, cujos preços desabaram, o que dificultou o pagamento dos empréstimos realizados e quebrou o setor bancário. Em 1997, ocorreu uma nova desestabilização, desta vez decorrente da crise financeira no Sudeste Asiático, o que provocou a falência de diversas instituições financeiras do Japão. A economia japonesa passou a enfrentar, ainda, a concorrência acirrada dos Estados Unidos, da Coreia do Sul e de outros Tigres Asiáticos. Como resultado, a década de 1990 foi marcada por uma recessão econômica no país.

Deflação e baixo crescimento persistem desde então e foram agravados pela crise global, iniciada em 2008, e pelo desastre da usina nuclear de Fukushima, em 2011. Com o início do governo de Shinzo Abe pelo PLD, em dezembro de 2012, o Japão vem apostando em uma combinação de estímulos governamentais e liberalização comercial para reavivar a economia (The Economist, 2013). Desde 2013, o país integra as negociações para a criação do Acordo de Parceria Econômica Estratégica Trans-Pacífico (também conhecido como *Parceria Trans-Pacífico*). Esse projeto multilateral é comandado pelos Estados Unidos e tem o objetivo de funcionar como a base de uma futura grande área de livre comércio na Ásia-Pacífico, sem a presença da China (Oliveira, 2013).

Militarmente, ocorre um debate crescente no Japão em torno de uma reforma constitucional que permita a existência de Forças Armadas. Desde o início da década de 2000, o país passou a prestar auxílio aos Estados Unidos em operações antiterrorismo. A partir de 2010, uma disputa histórica com a China sobre a posse das Ilhas Senkaku (em japonês) ou Diaoyu (em chinês) gera tensões recorrentes. O governo japonês também se preocupa com a posse de armas nucleares pela Coreia do Norte, que considera o Japão um inimigo. O fortalecimento militar japonês é incentivado pelos Estados Unidos, que ainda veem no Japão um aliado importante na Ásia (Haas, 2015).

Embora tenha uma Marinha considerável, o porte militar do Japão não é o mesmo de sua estatura econômica. Contudo, as lembranças da Segunda Guerra Mundial ainda estão presentes, e qualquer tentativa de ampliação do poderio militar do Japão pode ser avaliada como uma possibilidade de retorno do militarismo expansionista. Essa desconfiança tem barrado a pretensão do Japão de ocupar um assento permanente no Conselho de Segurança da ONU.

Assim, o Japão vem se mantendo em uma posição de indefinição quanto ao redimensionamento de suas alianças. Conforme vimos anteriormente, sua política externa tem oscilado entre uma estratégia de aproximação com o continente asiático e a manutenção dos vínculos diretos com os Estados Unidos. Segundo Vizentini (1997, p.125),

> *o nó da questão encontra-se justamente na política internacional, em relação à qual Tóquio precisa definir-se: ou como parte da economia Nichibei, ou seja, como a fronteira oriental do império americano (os "asiáticos ocidentalizados", segundo a tipologia de Huntington), ou como parte da Ásia e sua fronteira ocidental.*

(4.3)
CHINA: A RECONSTITUIÇÃO DO MUNDO SINOCÊNTRICO E SUA POLÍTICA EXTERNA

Desde sua fundação, em 1949, por Mao Tsé-tung, a República Popular da China tem uma atuação internacional relativamente autônoma em relação às grandes potências. De 1949 a 1960, a China manteve uma aliança com a União Soviética, isolando-se entre 1960 e 1970 em função do conflito com esse país pela ambição chinesa de possuir armas nucleares. De 1970 até os primeiros anos da década de 1980, a China experimentou uma aproximação com os Estados Unidos. Este, no contexto da *détente* – distensão entre Estados Unidos e União Soviética –, preparou uma estratégia de diplomacia triangular, envolvendo as relações Estados Unidos-China e Estados Unidos-União Soviética. Durante a década de 1970, a China se aproximou do Japão e dos Estados Unidos. Em 1973, foram restabelecidas as relações do Japão com a China e, em 1978, os dois países assinaram tratados de cooperação.

Com a morte de Mao Tsé-tung, em 1976, Deng Xiaoping assumiu a presidência chinesa. Em 1979, Xiaoping promoveu as reformas conhecidas como **Quatro Grandes Modernizações**: da indústria, da agricultura, da ciência e tecnologia e das Forças Armadas. Com a criação das **zonas econômicas especiais** (ZEEs), localizadas próximo ao litoral e a centros industriais, os investimentos estrangeiros foram incentivados. O modelo, chamado de **economia socialista de mercado**, proporcionou à China uma vigorosa recuperação econômica, com crescimento médio superior a 10% ao ano, a partir de 1978. Essas reformas permitiram ao país responder com maior força à crise do socialismo colocada pelo fim da União Soviética, no fim dos anos 1980.

Com base nesse contexto, a China formulou uma política externa "pacífica de manutenção da independência e conservação da iniciativa em suas próprias mãos. O objetivo básico dessa política é salvaguardar sua independência e sua soberania, e promover a paz e o desenvolvimento mundiais" (Dexiang, 1996, p. 225). A tendência pacifista da política exterior chinesa teve como objetivo evitar o desvio excessivo de capital produtivo para a produção armamentista, que alteraria a prioridade das Quatro Modernizações. Porém, isso não impediu a determinação da China em objetar a intervenção das potências em outros países e em manter sua independência a qualquer custo.

Em fevereiro de 1997, faleceu Deng Xiaoping. O herdeiro político escolhido pelo próprio Xiaoping foi Jiang Zemin. Zemin rompeu com um princípio básico do comunismo – a propriedade estatal dos meios de produção – e anunciou um gigantesco programa de privatizações. Em março de 1998, o Congresso Nacional do Povo reelegeu Jiang Zemin, que ficou no cargo até 2003.

As relações com os Estados Unidos foram marcadas por aproximações e distanciamentos sucessivos. Em outubro de 1997, Jiang Zemin realizou a primeira visita de um presidente chinês aos Estados Unidos em 12 anos e negociou com o Presidente Bill Clinton a ampliação da abertura econômica de seu país em troca do apoio estadunidense à entrada da China na Organização Mundial do Comércio (OMC). Um acordo de normalização das relações comerciais foi assinado em 1999, no qual a China admitiu liberalizar seu mercado interno de produtos agrícolas e de serviços, enquanto o governo estadunidense eliminou várias restrições à entrada de produtos chineses em seu país. Com o acordo, foi removido um obstáculo ao ingresso da China na OMC. Depois de 15 anos de negociações, em novembro de 2001, os membros da OMC aprovaram a proposta chinesa de participar da entidade. Pela proposta, a China se comprometeu a reduzir as tarifas alfandegárias e a permitir a participação estrangeira em diversos setores, mas manteve várias empresas estatais e o controle acionário em setores estratégicos, como as telecomunicações.

A entrada na OMC dinamizou enormemente o comércio da China. De 2001 a 2010, o valor individual de suas exportações e importações passou de cerca de US$ 300 bilhões para US$ 1,5 trilhão. Atualmente, o país é o maior exportador do mundo e o segundo maior importador, atrás apenas dos Estados Unidos (Li, 2015). A maior demanda chinesa por importações, principalmente de matérias-primas, impulsionou o crescimento econômico de países em desenvolvimento. O comércio com os Estados Unidos se expandiu e tornou a China sua maior fonte de importações e seu segundo maior mercado para exportações.

Entretanto, os atritos comerciais entre os dois países se multiplicam e incluem acusações de que a China pratica manipulação cambial, protecionismo, *dumping*[II] e desrespeito aos direitos de propriedade intelectual (Morrison, 2015). Os Estados Unidos também fazem duras críticas à política chinesa para os direitos humanos. Há reprovações

---

II. Dumping é uma prática comercial que consiste, basicamente, em vender produtos ou serviços por preços abaixo do valor de mercado com o objetivo de prejudicar e eliminar os concorrentes.

recorrentes ao Massacre da Paz Celestial de 1989, às censuras contra a liberdade de expressão e à repressão a minorias no Tibete (sudoeste do país) e em Xinjiang (noroeste). O governo chinês, por sua vez, também revida as acusações. No último relatório sobre a situação dos direitos humanos nos Estados Unidos, publicado em 2014, Pequim criticou Washington por não conseguir controlar massacres a mão armada, espionar cidadãos em várias partes do mundo e matar civis com ataques de *drones* no Iêmen e no Paquistão (China Daily, 2014a).

Apesar da relação conturbada entre os países, os Estados Unidos reconhecem o papel fundamental da China para a estabilidade econômica e estratégica da Ásia. O movimento pendular da política estadunidense em relação à China deve ser contextualizado na perspectiva de **triângulos estratégicos**. Enquanto na Guerra Fria as aproximações e os distanciamentos eram determinados pelas aproximações e pelos distanciamentos com a União Soviética, no processo de reordenamento asiático pós-Guerra Fria, a China retomou o papel de ator estratégico diante da relação nipo-americana e russo-americana.

Embora a China ainda seja considerada a mais pobre das grandes potências, seu crescimento vertiginoso, concomitante a suas características populacionais, torna o país uma importante variável tanto no plano regional quanto no mundial. Seu enorme mercado interno, apesar do ainda baixo poder de consumo, torna a China ainda menos dependente do comércio externo que o Japão (Kennedy, 1989). Sua economia ganhou força com a incorporação de Hong Kong (1997) e de Macau (1999), que permaneceram como colônias europeias por um longo período. A estratégia do Partido Comunista Chinês (PCCh) tem sido a de atrair investimentos estrangeiros para as cidades exportadoras do litoral, oferecendo mão de obra barata, enquanto as altas taxas de crescimento promovem uma gradual interiorização industrial. A China conseguiu resistir com relativo sucesso à crise econômica asiática que teve início em meados de 1997. O governo não cedeu às pressões para desvalorizar a moeda (o *yuan*) e prosseguiu com as restrições à entrada de capitais especulativos.

O governo chinês também foi capaz de administrar com relativo êxito os efeitos da crise mundial iniciada em 2008, que incluíram quedas de 16% nas exportações, 11% nas importações e 3% na taxa de crescimento econômico em 2009. O Presidente Hu Jintao, no poder entre 2003 e 2013, lançou um grande pacote de estímulo orçado em US$ 570 bilhões para incentivar a demanda e atender a problemas estruturais em áreas como transporte, educação, saúde, infraestrutura e habitação. Somado a novos acordos internacionais de exportação, esse pacote fez com que a China fosse um dos primeiros países a se recuperar da crise. Em 2010, superou o Japão no posto de segunda maior economia do mundo, ficando atrás apenas dos Estados Unidos (Li, 2015).

Quanto mais avança economicamente, mais a China tem condições de ampliar sua esfera de poder tanto na Ásia quanto no sistema internacional como um todo. Nesse sentido, Oliveira (1997, p. 5) afirma que,

> *de uma forma concisa, o objetivo primário da atual política externa chinesa concentra-se na manutenção dos altos índices de crescimento através do aprofundamento da reforma econômica direcionada para o mercado, em segundo, a defesa da soberania e unidade nacionais e, em terceiro, sua transformação em um grande poder (regional e/ou internacional). Assim, os desafios econômicos são considerados inseparáveis dos elementos básicos da segurança nacional.*

Enquanto a China recupera progressivamente seu território – como no caso da devolução de Macau pelos portugueses e de Hong Kong pelos britânicos –, o governo estadunidense se preocupa com a ampliação do poder do país, oriundo da anexação de áreas de grande desenvolvimento. Em contrapartida, o processo de reunificação com Taiwan, retomado em 1998, tem sofrido constantes impasses. A pressão do governo chinês sobre Taiwan, que rejeita a proposta de "um país, dois sistemas", é protestada pelos Estados Unidos, impasse que permanece até o presente momento.

Da mesma forma, a questão tibetana, relativa ao movimento separatista do Tibete, tem sido explorada politicamente pelos Estados Unidos a fim de promover pressão adicional da mídia internacional sobre a China. Nessa questão, é interessante observarmos os mais diversos argumentos sobre o Tibete. Enquanto o líder tibetano Tenzin Gyatso, mais conhecido como o 14º Dalai Lama, invoca a necessidade de autonomia, o governo chinês argumenta que a região do Tibete, ao longo dos séculos, fez parte do Império Chinês e que foi o imperialismo britânico que o separou da China.

Por seus interesses estratégicos no norte da Península Coreana, a China tem sido, desde o fim da União Soviética, o principal ponto de sustentação do regime da Coreia do Norte. Considerada como de seu interesse vital, a China receia que a unificação coreana possa ampliar a esfera de influência dos Estados Unidos para toda a península. Com a assinatura de um acordo comercial em 1990, a China se aproximou da Coreia do Sul e, desde então, suas relações comerciais têm aumentado vertiginosamente. A Coreia do Sul já é o terceiro maior parceiro do comércio exterior da China entre os Estados do Extremo Oriente e o quinto do comércio exterior mundial chinês (Oviedo, 1997).

China e Coreia do Sul estabeleceram relações diplomáticas em agosto de 1992. Por seu lado, a Coreia do Sul auxiliou a China, com Hong Kong e Taiwan, a se incorporar à Apec, em 1991. Assim, ao normalizar suas relações com a Coreia do Sul, a China foi capaz de melhorar suas relações com outros países na área. A relação entre os dois países tem grande potencial para produzir benefícios mútuos, uma vez que uma detém tecnologia intensiva e a outra é um grande mercado com mão de obra abundante e barata (Oviedo, 1997). O atual presidente chinês, Xi Jinping, tem demonstrado que pretende estreitar ainda mais os laços bilaterais. Em julho de 2014, ele visitou a Coreia do Sul antes de ir à Coreia do Norte, ação nunca antes realizada por um líder chinês em início de mandato. Atualmente, China e Coreia do Sul estudam a possibilidade de firmar um acordo de livre comércio e se opõem ao desenvolvimento de armas nucleares pela Coreia do Norte e à militarização do Japão (China Daily, 2014b).

A questão que devemos colocar consiste em saber se a China constitui um potencial articulador do entendimento asiático para a inserção estratégica em um mundo globalizado. Cumprindo com esse objetivo, a diáspora chinesa[III] no Sudeste Asiático tem contribuído para a formação de um megabloco que inclui a China e áreas situadas ao sul de suas fronteiras. Historicamente, o Sudeste Asiático fez parte do mundo sinocêntrico, um espaço de relações no qual a civilização desenvolvida não buscava a conquista territorial

---

III. A diáspora é recorrente na história chinesa, mas ganhou força sobretudo após a Revolução Chinesa de 1949, quando muitos capitalistas ricos e defensores do antigo regime fugiram do país.

ou o domínio dos seus vizinhos, mas o exercício de uma liderança. O colonialismo e as determinações da Guerra Fria tornaram as relações chinesas com os países da região conflituosas e distantes. Com o processo de modernização da China e o fim da Guerra Fria, foram criadas condições para o ressurgimento da antiga área de influência chinesa. Nesse sentido, a estratégia de longo prazo do país para sua inserção internacional passa pela integração econômica interna, pela restauração territorial do antigo Império Chinês e pela reconstrução do mundo sinocêntrico (Pinto, 2000).

Por sua vez, o Ocidente tem ampliado a resistência ao aumento do peso da China no sistema internacional. Nesse sentido, ressaltamos o pensamento de Cabral Filho (1996, p. 216), que escreve:

> *podem-se observar os pontos nodais de resistência à existência de uma potência não ocidental – nutrida de valores de uma civilização clássica, modernizada pelo contato com o marxismo-leninismo e dotada de forte vontade política, capaz de unir-se à grande maioria dos países saídos do semicolonialismo na defesa de uma nova ordem econômica e política internacional.*

A presidência de Barack Obama nos Estados Unidos, a partir de 2009, confirmou essa resistência, na medida em que a política externa desse país foi reorientada para a Ásia-Pacífico na tentativa de conter a ascensão política e econômica da China (Oliveira, 2013).

(4.4)
A Península Coreana como "epicentro do epicentro"

A Guerra da Coreia (1950-1953), que foi o episódio mais marcante na Península Coreana após a Segunda Guerra Mundial, ocorreu no contexto da Guerra Fria. Depois da derrota japonesa em 1945, a Coreia foi dividida em uma zona de ocupação soviética, ao norte, e uma zona de ocupação ocidental, ao sul, sendo a linha demarcatória o paralelo 38. Em 25 de junho de 1950, a Coreia do Norte atacou a Coreia do Sul, sendo imediata a reação estadunidense: sob a bandeira da ONU, os exércitos do país desembarcaram na Coreia do Sul e retomaram a capital Seul. O armistício, proclamado em 1953, manteve a divisão das Coreias no paralelo 38. Assim, a divisão da Coreia em dois países, bem como o armistício ainda vigente, consiste em uma herança da Guerra Fria; além disso, pode ser vista como uma das últimas fronteiras entre o capitalismo e o comunismo.

Se considerarmos a região da Ásia-Pacífico como o novo epicentro dinâmico do sistema mundial, também poderemos considerar que o epicentro das relações no Nordeste Asiático é a Península da Coreia. Não obstante, a Península Coreana constitui uma zona de interesses estratégicos tanto do Japão quanto da China. Como afirma Oviedo (1997, p. 201), "assim mesmo, a atual divisão da Coreia não só expressa a herança das zonas de influência criadas durante a Guerra Fria, mas também a bi-hegemonia que exercem China e Japão no Nordeste Asiático".

Tradicionalmente, a Coreia do Sul teve como aliados os Estados Unidos e o Japão; já a Coreia do Norte teve a China e a União Soviética. Porém, como comentamos, a partir do fim da Guerra Fria, verificaram-se algumas mudanças nessas relações com a aproximação entre a China e a Coreia do Sul. O próprio Japão, antigo aliado da Coreia do Sul, passou a concorrer economicamente com esse país. O desenvolvimento da Coreia do Sul, sua crescente vinculação com a economia chinesa e a possibilidade de unificação da península são fatores vistos com receio por parte do Japão e dos Estados Unidos. A ideia é que a reunificação da Península Coreana é capaz de criar uma potência regional com poder econômico-militar e capacidade de desestabilizar politicamente toda a região (Vizentini, 1997). Assim, a possibilidade de reunificação das duas Coreias e o aprofundamento das relações regionais são as principais questões que envolvem tanto as relações entre os países asiáticos quanto os países que têm interesses e influência na região, como os Estados Unidos e a Rússia.

A Coreia do Norte, ainda muito influenciada pela China, tenta negociar uma saída ao isolamento do país por meio da questão nuclear. Em março de 1993, o país decidiu se retirar do Tratado de Não Proliferação Nuclear (TNP). Em julho de 1994, faleceu o dirigente máximo Kim Il-sung. Em meio a uma grave crise econômica, seu filho e sucessor, Kim Jong-il, voltou atrás e assinou, em outubro, o Acordo-Quadro de 1994, o qual estipulou que os Estados Unidos forneceriam à Coreia do Norte reatores nucleares de água leve até 2003; esta, por sua vez, se comprometeria a permanecer signatária do TNP e eliminar suas instalações nucleares no mesmo prazo.

No entanto, a construção dos reatores de água leve não avançou, o que levou Pyongyang, em 2003, a manter seu programa nuclear e abandonar o TNP. Dois anos depois, o regime anunciou que havia conseguido desenvolver bombas atômicas. Em 2006, foi conduzido um primeiro teste nuclear, seguido por outro em 2009. O chefe de Estado Kim Jong-il faleceu em 2011, mas o programa foi mantido por seu filho e sucessor, Kim Jong-un; um novo teste foi realizado em 2013. Desde 2003, negociações multilaterais para o desarmamento norte-coreano, conhecidas como *Six-Party Talks*, são realizadas entre Coreia do Norte, Coreia do Sul, Estados Unidos, China, Rússia e Japão, mas sem resultados significativos. Ao manter vivo seu programa nuclear, o regime norte-coreano garante sua própria sobrevivência, na medida em que barganha, com a China e com os Estados Unidos, para atender a interesses econômicos e energéticos (Melchionna, 2011).

Com o fim da Guerra Fria, ocorreu o esgotamento do modelo de sustentação da Coreia do Norte, antes centrado no apoio soviético e chinês. Kim Il-sung buscou a sustentação do seu regime não só no desenvolvimento da questão nuclear, como também na distensão das relações com a Coreia do Sul. Em setembro de 1990, realizou-se a primeira das oito reuniões entre os primeiros-ministros dos dois países, que duraram até 1992. Na sexta reunião, foi assinado o Acordo sobre Reconciliação, Não Agressão, Intercâmbios e Cooperação (Di Masi, 1997). A Coreia do Sul criou até mesmo um Ministério para a Reunificação. Em 2000, foram realizadas as primeiras reuniões entre os presidentes dos dois países. O encontro produziu a Declaração Conjunta Norte-Sul de 15 de Junho, o mais importante documento sobre a intenção das duas partes em cooperar rumo a uma reunificação pacífica (Suh, 2015).

O desenvolvimento da Coreia do Sul ampliou sua esfera de atuação, o que tornou o país uma espécie de potência média na Ásia (Scalapino, 1996). Sua diplomacia tem buscado maior inserção internacional, por meio do desenvolvimento econômico e da manutenção da segurança. Entre os temas centrais da diplomacia sul-coreana estão a unificação com a Coreia do Norte e as relações com os Estados Unidos. Essas duas questões estão imbricadas na medida em que a Coreia do Norte exige, para levar a bom termo as negociações com a Coreia do Sul, que a presença militar estadunidense seja reduzida na Coreia do Sul. O governo sul-coreano de Kim Young-sam (1993-1998), ainda que considerasse cruciais as relações com os Estados Unidos, buscou negociar a reunificação da península e obter um papel mais relevante, tanto no plano regional como no plano mundial, incorporando um crescente nacionalismo (Di Masi, 1997).

O enfraquecimento da Coreia do Sul veio com a crise asiática. Em outubro de 1997, a crise financeira no Sudeste Asiático atingiu a economia sul-coreana, obrigando o governo do país a recorrer ao Fundo Monetário Internacional (FMI). Em troca de um empréstimo de US$ 58,3 bilhões, o FMI exigiu o aumento de impostos e da taxa de juros, facilidades legais para a demissão de funcionários e permissão para que o capital estrangeiro detivesse mais de 50% das ações de empresas. Com o cumprimento do acordo com o FMI, houve uma queda expressiva nas importações e no consumo, acompanhada por um aumento do desemprego; apesar de tudo isso, a economia sul-coreana sobreviveu à crise.

Após o ano de 2000, o processo de aproximação entre as duas Coreias ficou em compasso de espera. Um segundo encontro bilateral aconteceu apenas após sete anos, em outubro de 2007. O presidentes Kim Jong-il e Roh Moo-hyun (2003-2008) assinaram acordos de cooperação e medidas para fazer avançar as intenções da Declaração de 15 de Junho. No entanto, o sucessor de Moo-hyun na presidência sul-coreana, Lee Myung-bak (2008-2013), teve pouco interesse em trabalhar pela continuidade da aproximação. A atual presidenta, Park Geun-hye, mantém a linha de seu antecessor, optando por isolar a Coreia do Norte (Suh, 2015).

Qualquer que seja o caminho seguido para a reunificação, ele não será fácil. Seu custo econômico será enorme, pois se trata de recapacitar a economia norte-coreana para a competitividade internacional. No campo político interno, a possibilidade de choques constantes entre duas culturas políticas, separadas por 50 anos, é uma importante variável a ser considerada. Para a Coreia do Norte, a única alternativa às pressões estadunidenses consiste em se integrar à dinâmica do Nordeste Asiático, em que atualmente ocorre um processo de convergência econômica e tecnológica entre Japão, China, Coreia do Sul e Rússia. Com este último país, está em consolidação um projeto de ligação da Ferrovia Transiberiana aos sistemas ferroviários das duas Coreias, o que transformará o porto sul-coreano de Busan no ponto nodal de uma rota terrestre alternativa às rotas marítimas de mercadorias dessa região asiática para os mercados europeus (Oliveira, 1997).

(4.5) ÍNDIA: AUTONOMIA E COOPERAÇÃO SUL-SUL

Após a independência do subcontinente indiano e a subsequente divisão territorial entre Índia e Paquistão, o Primeiro-Ministro Jawaharlal Nehru (1947-1964) adotou uma política externa classificada por Malone (2011) como idealista. Seguindo essa orientação, a Índia liderou o Movimento dos Não Alinhados. Contudo, o idealismo de Nehru foi sendo gradualmente abandonado na condução da política externa indiana. Tendo de lidar com conjunturas interna e externa bastante difíceis, Indira Gandhi, sua filha e sucessora, passou a adotar uma postura mais pragmática na condução das relações exteriores do país.

Durante o primeiro governo de Indira Gandhi (1966-1977), a Índia passou a se envolver mais na dinâmica da Guerra Fria, criando uma relação de forte parceria com a União Soviética por meio da assinatura de um tratado em 1971. Sua relação conflituosa com o vizinho Paquistão, que provocara quatro guerras (em 1947, 1965, 1971 e 1999), e sua percepção de insegurança regional levaram a Índia a desenvolver um programa nuclear militar, com o primeiro teste realizado em 1974. Essa postura externa foi mantida pelo filho de Indira, Rajiv Gandhi, após o assassinato da mãe e sua posse como primeiro-ministro indiano, em 1984. Apesar da maior participação no conflito bipolar, continuaram a vigorar os princípios de Nehru, como o anti-imperialismo, o terceiro-mundismo, o secularismo, a democracia e o não alinhamento (Malone, 2011).

Segundo Malone (2011), o **pragmatismo** da política externa indiana foi intensificado a partir da década de 1990, com a crise econômica que se deflagrou no país em 1991. Com a perda do controle político pelo Partido do Congresso, a política externa da Índia sofreu mudanças e foram abandonadas as posturas de não alinhamento e o discurso antiocidental. A economia foi liberalizada, novas parcerias foram estabelecidas, rivalidades foram suplantadas e novas políticas foram desenvolvidas.

A integridade do território da Índia é um importante tema na formulação das políticas governamentais do país. Entre seus principais desafios, encontram-se a composição étnica diversificada, o histórico conflito com o Paquistão, os movimentos segregacionistas de grupos islâmicos e do nordeste do país, imigrantes e refugiados do Tibete e de Bangladesh e disputas territoriais com outros vizinhos.

A relação com o Paquistão é um dos mais importantes aspectos da política externa indiana. O processo de descolonização no subcontinente indiano foi fragmentado pela ascensão de um movimento islâmico paralelo que resultou na criação do Estado paquistanês. Contudo, a divisão do território do subcontinente entre os dois países não satisfez a nenhum dos lados (Bahadur, 2006). Disputas que se centraram no controle da região da Caxemira, no norte da Índia, levaram a quatro guerras entre os dois países, conforme mencionamos, sem a chegada a nenhum acordo entre as duas partes pelo controle da região[IV].

A melhora das relações indo-paquistanesas já foi o objetivo de políticos de ambos os países; todavia, o ataque ao parlamento indiano, em 2001, e o atentado de Mumbai (ex-Bombaim), em 2008, dificultaram o avanço das negociações para a resolução das tensões. A rivalidade dos dois países levou a uma corrida armamentista que se expandiu para o campo nuclear, com a obtenção da bomba atômica pela Índia, em 1974, e pelo Paquistão, em 1998, além de impedir o avanço de organismos de integração regional, como a Associação Sul-Asiática para Cooperação Regional – Saarc (Bahadur, 2006).

A grandeza da população, do território e da economia da Índia leva a uma assimetria na relação do país com seus vizinhos. Após a intervenção militar indiana para auxiliar Bangladesh em seu processo de independência, em 1971, as relações entre os dois países passaram a se caracterizar por disputas relacionadas a grupos

---

IV. *A guerra de 1971 foi iniciada pelo movimento segregacionista bengali, que visava à separação do Paquistão. A Índia, com vistas a enfraquecer o inimigo histórico, apoiou a pretensão de Bangladesh, que se tornou independente em 1971. A guerra marcou a primeira intervenção militar proativa da Índia na política de seus vizinhos (Malone, 2011).*

étnicos segregacionistas que habitam o leste da Índia. Além disso, há intensos fluxos migratórios de bengalis que buscam melhores condições de vida na Índia, que promove políticas restritivas. No fim da década de 1980, a Índia também empreendeu uma intervenção militar no Sri Lanka, para evitar a desestabilização do país e os fluxos de cingaleses para o território indiano, respeitando os interesses da população tâmil do sul de seu território. Um terceiro país foco da política externa ativa da Índia é o Nepal, também em razão da proximidade territorial e de objetivos de controle migratório e de estabilização regional (Malone, 2011).

O crescimento econômico experimentado pela Índia fez o país abandonar, em parte, o discurso simplesmente terceiro-mundista e adotar um perfil negociador mais incisivo nos diálogos Norte-Sul e multilaterais a partir do fim do século XX, além de tomar medidas de cooperação econômica e política com países em desenvolvimento. Com relação a seu perfil negociador, a Índia se juntou a outros países em desenvolvimento, principalmente Brasil e África do Sul, para negociar de maneira igualitária em organismos internacionais. Os três países estão juntos no Fórum de Diálogo Índia-Brasil-África do Sul (Ibas), criado em 2003 para servir como espaço de discussão sobre temas como cooperação Sul-Sul, reforma de organismos internacionais, combate à pobreza e cooperação marítima. Desde 2009, os três países também atuam no grupo Brics, ao lado de China e Rússia, com o objetivo principal de reformar o sistema econômico internacional. O governo de Nova Déli passou, ainda, a reivindicar uma vaga no Conselho de Segurança da ONU, fazendo parte do grupo de países com tal aspiração, o G4, composto também por Brasil, Alemanha e Japão (Dubey, 2007).

Apesar das críticas internacionais ao programa nuclear indiano, a situação do país como potência nuclear foi normalizada no século XXI, com o apoio estadunidense, a partir de negociações bilaterais. A Índia passou a ser considerada uma "potência benevolente", o que lhe permitiu acesso à tecnologia nuclear para geração de energia e para fins de pesquisa (Malone, 2011).

Durante a Guerra Fria, o interesse dos Estados Unidos pela Índia foi variável, obedecendo a uma lógica de balanceamento das relações com União Soviética, China e Paquistão. A boa vontade atual com a Índia, iniciada no governo de Bill Clinton (1993-2001), é explicada pelo receio compartilhado em relação à ascensão chinesa e pelo desejo de Washington de balancear a própria aproximação com o Paquistão desde o 11 de Setembro, motivado pelo combate ao terrorismo. Em 2005, a Índia e os Estados Unidos assinaram um amplo acordo de cooperação na área da defesa, com validade de dez anos (Oliveira, 2015a).

Durante a Guerra Fria, a relação entre a Índia e a China foi distante e marcada por conflitos de fronteiras. Uma aproximação ocorreu apenas a partir de 1988, no governo de Rajiv Gandhi. Desde então, ocorreu uma troca constante de visitas de alto nível. O principal resultado disso foi um grande aumento do comércio bilateral. As duas economias se complementam bem no contexto da globalização, dada a excelência da Índia em *softwares* e a especialização da China na produção de componentes eletrônicos. Os dois países também passaram a cooperar em assuntos de defesa (Oliveira, 2015a). Apesar da cordialidade dominante, ainda há tensões latentes nessa relação. À medida que a China busca aumentar sua presença em países do Oceano Índico, a Índia tenta conter essa pressão, mantendo-se próxima aos Estados Unidos. Além disso, as disputas fronteiriças ainda não foram completamente superadas (Paul, 2008). A Índia também vem ampliando seu interesse pelos países do Sudeste Asiático, por meio de um diálogo com a Asean.

A Índia e a Rússia mantêm a relação de proximidade que construíram durante a Guerra Fria. Em 2001, assinaram uma Declaração de Parceria Estratégica. A Índia vê a Rússia como uma importante aliada na área de energia, pois é uma fornecedora expressiva de petróleo e lhe presta auxílio no setor nuclear. As Forças Armadas da Índia são dependentes de equipamentos russos, que correspondem a cerca de 70% das importações bélicas do país. A Rússia fornece também apoio incondicional à Índia no conflito da Caxemira, uma vez que ambos os países sofrem problemas relacionados ao terrorismo muçulmano. A cooperação no desenvolvimento de tecnologias, especialmente aeroespaciais, também é significativa entre os dois países (Chenoy, 2010).

A cooperação indiana com outros países em desenvolvimento foi instrumentalizada pela criação de iniciativas para a exportação do seu modelo de desenvolvimento e para a cooperação técnica. Nesse sentido, destacamos o Programa Indiano de Cooperação Técnica e Econômica (Itec), que desenvolve suas atividades em todos os continentes. É importante notarmos que o segundo principal destino de recursos desse programa, depois da Ásia, é a África, que se tornou um importante elemento da política externa indiana. Programas de cooperação, como o *Pan African e-Network*, e fóruns como a Cúpula Indo-Africana demonstram o interesse indiano em intensificar os laços com esse continente. Além disso, percebemos uma ampliação dos fluxos comerciais da Índia com os países africanos, principalmente na compra de petróleo e de matérias-primas pelos indianos (Vieira; Spohr, 2011).

(4.6)
A ÁSIA NA CONSTRUÇÃO DE UMA ORDEM MULTIPOLAR

Desde o fim da Guerra Fria, diversas previsões e análises têm procurado interpretar a nova conformação do sistema internacional. A questão central nessas discussões consiste em definir se a ordem internacional será unipolar ou multipolar. Em síntese, as transformações do sistema internacional tendem a conduzi-lo a duas alternativas básicas: a **consolidação da hegemonia estadunidense**, gerando um longo período de *pax americana*, ou, ao contrário, a **formação de um novo sistema multipolar**, em que os Estados Unidos teriam papel relevante, mas também tenderiam a ser relevantes países ou sistemas como China, Rússia e União Europeia, entre outros, provavelmente agregados em arranjos regionais.

A dinâmica internacional mostra que os Estados Unidos têm evitado, a todo custo, o declínio do seu poder mundial e a ascensão de potências regionais que ameacem esse poder. Por outro lado, tem se tornado cada vez mais evidente a ascensão de sistemas regionais com poder relativo. Por seu desenvolvimento progressivo, a China e os países do Leste Asiático têm construído um polo de desenvolvimento alternativo, de rápido crescimento e que questiona até mesmo, alguns valores do Ocidente. Conforme Arrighi, Ahmad e Shih (2001, p. 276), "a reincorporação da China continental nos mercados regionais e globais recolocou em jogo uma nação cuja abundância de recursos empresariais e de mão de obra e cujo potencial de crescimento ultrapassaram facilmente os de todas as outras nações atuantes na região, inclusive os Estados Unidos".

O sucesso econômico da Ásia tem colaborado com as forças que forjam, entre os próprios asiáticos, uma visão de mundo mais coesa e assumem sua defesa perante outros modelos. Com uma visão alternativa de direitos humanos, que engloba os direitos econômicos e sociais, os países asiáticos têm buscado evitar ingerências externas em assuntos políticos internos, reivindicando a própria soberania. À medida que abandonam as relações especiais com as antigas metrópoles coloniais, os países da região têm procurado uma aproximação maior com seus vizinhos. Exemplo desse movimento é a Asean, bloco que, a partir de 1967, integrou nações asiáticas muito diferentes em um projeto bem-sucedido de cooperação econômica e respeito mútuo. Conforme Funabashi (1994, p. 15), "a Ásia afinal começa a se definir. A consciência e a identidade asiáticas estão emergindo com vigor. O poder econômico e a importância política da região impressionam cada vez mais as nações do Ocidente".

Com o fim da Guerra Fria, o conceito de **segurança regional** no Extremo Oriente passou a levar em conta um conjunto de fatores mais complexos que no período anterior: (a) uma noção mais abrangente de ameaça à segurança, que inclui não apenas o perigo de agressão militar, mas também limitações impostas nos setores econômico, tecnológico, político e cultural; (b) a pluralização das fontes de ameaças, que não são mais apenas as potências tradicionais; (c) a descentralização das fontes de poder, o que dificulta o controle da região por uma única potência; (d) a tendência à multilateralização, com a criação de fóruns de coordenação política e econômica; e (e) a ampliação da interdependência dos países asiáticos, que tem provocado a busca pela estabilidade nas relações (Pinto, 2000).

Enquanto isso, os Estados Unidos perdem espaço no Pacífico, onde o Japão e a China ampliam sua atuação, ocupando o vazio político deixado por Moscou, que agora, novamente, busca formas de parceria e cooperação estratégica com os países asiáticos. A China tem participado da proposta russa de formar um eixo estratégico de inserção internacional, buscando preservar um balanço de poder entre as grandes potências, de modo a evitar a unipolaridade dos Estados Unidos e reforçar as relações com as potências médias de cada região. Nesse sentido, foi criada em 2001 a Organização pela Cooperação de Xangai (OCX), um mecanismo de concerto entre Rússia, China e países da Ásia Central que trabalha pela segurança coletiva. Índia, Irã, Paquistão, Mongólia e Afeganistão são países observadores.

Em uma perspectiva histórica, notamos que o desgaste da hegemonia estadunidense não é um fenômeno recente. Esse processo remonta à erosão da bipolaridade na década de 1970, com a ascensão dos polos econômicos periféricos, na qual a competitividade da economia japonesa e o crescimento econômico europeu (facilitado em função dos baixos gastos militares, se comparados com os da União Soviética e dos Estados Unidos), somados ao déficit do orçamento dos Estados Unidos (em virtude dos gastos com a Guerra do Vietnã), reduziram em muito a capacidade de exportação destes. No campo político, a diplomacia triangular entre União Soviética, Estados Unidos e China legitimava este último como ator de peso no contexto da Guerra Fria. Por outro lado, com a retração da hegemonia estadunidense na Ásia, que havia sido precedida pela holandesa e pela britânica, existe a tendência de se encerrar o longo ciclo de dominação ocidental na Ásia, que havia bloqueado o desenvolvimento da economia-mundo asiática e lhe retirado recursos.

Ao perceber a alteração da posição de domínio do Ocidente e o fortalecimento de países e projetos não ocidentais, Samuel Huntington formulou a tese do **choque das civilizações**. Conforme essa tese, a política mundial estaria entrando em uma nova fase, na qual a fonte fundamental de conflito seria essencialmente de ordem cultural. O Ocidente, que detém um poder extraordinário em relação às outras civilizações, seria levado a uma série de disputas para manter seus ideais (Huntington, 1994).

O choque entre as civilizações ocidentais e as não ocidentais está mais no passado que à nossa frente. O que presenciamos no presente é uma mudança no equilíbrio de poder entre as civilizações ocidentais e as não ocidentais, e somente se encerrará com o fim da dominação ocidental na Ásia. Conforme Arrighi e Silver (2001, p. 296),

> *Quão drástica e dolorosa será essa transformação – e se de fato ela acabará se transformando em uma comunidade, e não na destruição mútua das civilizações mundiais – é algo que depende, em última instância, de duas condições. Primeiro, depende da inteligência com que os principais centros da civilização ocidental consigam adaptar-se a uma situação menos destacada, e segundo, de os principais centros de civilização sinocêntrica reemergente poderem ou não colocar-se, coletivamente, à altura da tarefa de fornecer soluções sistêmicas para os problemas sistêmicos deixados pela hegemonia estadunidense.*

Entre esses problemas, certamente se encontram os custos sociais e ecológicos do modelo de desenvolvimento adotado em quase todo o mundo e a gigantesca desigualdade entre as nações.

Assim, desde a década de 1980, as alianças tradicionais oriundas da Guerra Fria passam por um processo de desconfiguração. Percebemos uma aproximação entre países que antes estavam em posições antagônicas e uma concorrência entre antigos aliados. A atualidade é marcada por um período de mudanças, com dificuldades implícitas, que assumiu o caráter de uma longa marcha rumo a um **mundo multipolar**. Quaisquer que sejam os desdobramentos das relações internacionais da Ásia nos próximos anos, certamente contarão com a participação decisiva não apenas da Coreia do Sul, do Japão e da China, como também da Índia e dos países do Sudeste Asiático.

Síntese

Neste capítulo, discutimos a situação da Ásia no contexto internacional, analisando as condições para a construção de um entendimento asiático com base na análise do desenvolvimento econômico e das relações internacionais dos principais países do continente, como China, Japão, Coreia do Sul, bem como o papel da Índia. Trabalhamos com a ideia de que a Ásia vem alcançando crescente importância para as relações internacionais e para a configuração do ordenamento internacional, em especial na construção da multipolaridade.

Questões para revisão

1) Qual foi o papel do Japão na modernização das economias asiáticas?

2) A Coreia do Norte, apesar de todas as dificuldades pelas quais já passou, persiste com seu regime e sua independência. Discuta os interesses das grandes potências em relação a esse país.

3) Classifique as seguintes afirmações como verdadeiras (V) ou falsas (F):

( ) O projeto de desenvolvimento da economia chinesa está baseado nas Quatro Grandes Modernizações (indústria, agricultura, ciência e tecnologia e Forças Armadas) e foi formulado por Mao Tsé-tung no momento de aproximação com a União Soviética e com os Estados Unidos.

( ) O modelo de desenvolvimento do Japão incorporou o conceito de "gansos voadores", que representa a constituição de um grande mercado de produção agrícola no país, por meio da articulação com os Tigres Asiáticos, que se tornariam fornecedores industriais e de tecnologia.

( ) No contexto da Guerra Fria, a aproximação do Paquistão com os Estados Unidos foi concomitante à da Índia com a União Soviética, o que contribuiu para intensificar as disputas entre os dois vizinhos.

( ) Ao contrário do continente africano, o asiático caracterizava-se por apresentar uma unidade político-ideológica integral.

( ) O crescimento econômico dos países do Sudeste Asiático na década de 1970 esteve fortemente ligado ao modelo japonês de desenvolvimento e às alianças dos países da região (Singapura, Hong Kong, Filipinas e Tailândia) com os Estados Unidos.

4) Marque a opção que completa a frase corretamente:

Desde a Guerra Fria, sob o guarda-chuva nuclear estadunidense e livre de preocupações estratégico-militares, o/a _____ pôde se transformar em uma das maiores potências econômicas do planeta, articulando em torno de si diversas economias.

( ) Japão
( ) China
( ) Indonésia

5) Marque a opção que completa a frase corretamente:

No Sul da Ásia, uma das principais tensões ocorre entre _____ e Índia, em função das disputas na região da Caxemira.

( ) Bangladesh
( ) Nepal
( ) Paquistão

Questões para reflexão

1) Na atualidade, a China pode ser considerada uma grande potência? Justifique.

2) Durante cinco séculos, o eixo de modernização e crescimento econômico estava voltado para o Ocidente e para o Atlântico. Quais são as consequências, para as relações internacionais, do deslocamento do epicentro de desenvolvimento para o Oriente e para o Pacífico?

> **PARA SABER MAIS**
>
> VIZENTINI, P. F. et al. **Brics**: as potências emergentes. 1. ed. Petrópolis: Vozes, 2013.
>
> O livro apresenta uma análise sobre o desenvolvimento e a inserção internacional dos países que compõem o grupo dos Brics. Escrito por cinco acadêmicos, cada um se ocupou de um país: Brasil, Rússia, Índia, China e África do Sul. Um dos elementos centrais de discussão é a questão das potências emergentes na atual ordem internacional.
>
> LEÃO, R. P. F.; PINTO, E. A.; ACIOLY, L. da. (Org.). **A China na nova configuração global**: impactos políticos e econômicos. Brasília: Ipea, 2011.
>
> Nesse livro, os autores discutem o papel da China no mundo pós-Guerra Fria.

Capítulo 5

Os DESAFIOS
da ÁFRICA
CONTEMPORÂNEA
(1960-2015)

Conteúdos do capítulo

- O conceito de *neocolonialismo* e as dificuldades da África independente.
- A descolonização da África portuguesa.
- A Guerra Fria e a crise econômica na África.
- A situação da África no pós-Guerra Fria.
- Os conflitos africanos.
- O fim do *apartheid* e a nova África do Sul.
- O renascimento africano e a nova disputa pela África.
- A Primavera Árabe no continente africano.

Após o estudo deste capítulo, você será capaz de:

1. relacionar a condição da África após as independências ao conceito de *neocolonialismo*;
2. identificar a situação do continente africano no contexto da Guerra Fria;
3. reconhecer as diferentes origens dos conflitos africanos;
4. explicar os interesses das grandes potências no continente africano;
5. compreender as relações africanas contemporâneas.

Passados quase 60 anos da independência de seus países, o continente africano ainda parece ter os mesmos problemas e dificuldades da década de 1960. Os meios de comunicação de massa mostram a África como uma série de acidentes e conflitos, pois apenas nesses momentos ela é lembrada. Até recentemente, o "esquecimento" da África também alcançava a pesquisa acadêmica, que, com exceção de poucos pesquisadores comprometidos, projetava sobre o continente apenas imagens de atraso, exotismo e pessimismo. Por outro lado, a "lembrança" da África muitas vezes vinha acompanhada da noção de um paraíso perdido na história, subjugado e vitimizado pelas maquinações europeias – uma visão que desumanizaria o continente, pois não lhe atribuiria as contradições existentes em qualquer sociedade.

Na realidade, em razão da incipiente produção de conhecimento sobre a África no Brasil, pouco sabemos sobre o dinamismo e a criatividade das sociedades africanas em sua realidade objetiva e na busca por soluções para seus problemas. Sem a pretensão de esgotar o tema, neste capítulo, buscaremos precisamente problematizar as interpretações sobre os problemas da África contemporânea, verificar como o fim da Guerra Fria causou impactos no continente e analisar as recentes demonstrações de sua reafirmação no sistema mundial, após uma fase de marginalização e desinteresse internacionais. Nosso objetivo inicial é trabalhar com a hipótese de que o continente africano não pode ser responsabilizado inteiramente por seus problemas nas décadas recentes, pois seu passado colonial, o neocolonialismo e a dependência externa continuam afetando a região. Mesmo no contexto de uma nova disputa pelo continente verificada na última década, podemos afirmar que a África vem desenvolvendo estratégias para aumentar sua autonomia no sistema internacional, buscando superar seus problemas e suas dificuldades.

(5.1)
A ÁFRICA INDEPENDENTE E A SITUAÇÃO NEOCOLONIAL: PRIMEIRAS DIFICULDADES

A independência dos países africanos constituiu um marco importante na história mundial contemporânea, ao incluir no sistema mundial mais de 50 Estados que passaram a influir nesse sistema e buscam formas alternativas de desenvolvimento. Com os países asiáticos, formavam a maior parte do Terceiro Mundo, com a característica comum de padecerem do subdesenvolvimento e terem um passado colonial recente. Esses Estados foram incorporados à Organização das Nações Unidas (ONU), o que conferiu um novo perfil à sua Assembleia Geral, com a introdução de novos temas e novas demandas de transformação do sistema internacional. Porém, os países afro-asiáticos também tinham (e ainda têm) mecanismos próprios de articulação: em 1955, ocorreu a Primeira Conferência Afro-Asiática (Conferência de Bandung), que foi patrocinada por Indonésia, Índia, Birmânia, Paquistão e Ceilão e contou com 29 participantes. Nessa reunião, que foi um marco terceiro-mundista não alinhado, lançou-se a Carta de Bandung. Com o patrocínio inicial asiático, o movimento colaborou para a descolonização africana, em curso na época.

Em 1961, ocorreu a I Conferência dos Países Não Alinhados, em Belgrado, atual capital da Sérvia (Estado componente da ex--Iugoslávia), que buscava para tais países um caminho próprio nas relações internacionais. Seus principais articuladores foram os líderes Tito (Iugoslávia), Nasser (Egito), Nehru (Índia) e Sukarno (Indonésia), que elaboraram as bases de sua orientação política. Eles rejeitavam a divisão do mundo em dois blocos, realizada pela Guerra Fria, e postulavam uma nova e mais justa ordem econômica internacional. O Movimento dos Não Alinhados realizou reuniões sucessivas, aprofundando suas convicções políticas (luta contra o imperialismo, o colonialismo, o neocolonialismo, o racismo e qualquer tipo de agressão ou dominação externa) e debatendo questões econômicas, como o preço das matérias-primas, o desenvolvimento e a dívida externa, com a participação ativa de diversos países africanos.

Na África, a maioria das independências foi conquistada na década de 1960. Somente nesse ano, o "ano africano", mais de dez países se tornaram independentes. Na África inglesa, a descolonização teve um caráter, em geral, mais pacífico – ou menos conflituoso – que na área de colonização da França, que tentou retardar o processo por meio de infrutíferas tentativas de integração das antigas colônias, como a Conferência de Brazzaville, que não contou com a participação africana, mostrando o caráter unilateral da negociação francesa. Na África Austral, persistiram os bastiões brancos na África do Sul – desde 1948 sob o regime do *apartheid* –, na Rodésia do Sul e nas colônias portuguesas de Angola e Moçambique, cuja descolonização ocorreu somente em 1974-1975, depois de um longo processo de luta armada e da Revolução dos Cravos, em Portugal.

As independências também mostraram as fragilidades dos novos países, como as fronteiras herdadas do período colonial, a ausência de quadros qualificados em número suficiente para ocupar os postos da administração dos Estados independentes e a situação neocolonial imposta pelas antigas metrópoles. O **neocolonialismo** se caracterizou, assim, por uma relação de dependência e pela manutenção da exploração pelos países desenvolvidos, condições a que a maioria das ex-colônias se submeteu por meio de tratados e acordos bilaterais com as antigas potências coloniais ou com os Estados Unidos. Mantiveram-se as atividades econômicas do período colonial: em 1990, dois terços dos 450 milhões de africanos continuavam a viver da terra, combinando produção para subsistência e superexploração capitalista.

Nesse sentido, já no início da década de 1960, Kwame Nkrumah, presidente ganês, denunciava o neocolonialismo. Para ele, esse processo representava o imperialismo em sua fase final e mais perigosa, uma vez que o Estado sujeito ao neocolonialismo é teoricamente independente e tem todos os adornos exteriores da soberania internacional, porém seu sistema político e econômico é dirigido partindo do exterior. Para Nekrumah (1967, p. 4),

> *O neocolonialismo é a pior forma de imperialismo. Para aqueles que o exercem, significa o poder sem a responsabilidade, e para aqueles que o sofrem, significa exploração sem alívio. Nos dias do antigo colonialismo, a potência colonial tinha pelo menos que explicar e justificar as ações que realizava no exterior. Na colônia, aqueles que serviam à potência imperial dominante podiam pelo menos esperar a sua proteção contra qualquer ação violenta dos seus opositores. Com o neocolonialismo, nenhum dos dois casos acontece.*

A retirada, por parte das metrópoles, dos quadros de comando das ex-colônias provocou um vácuo de poder, em que as disputas por sua ocupação ocorriam por grupos étnico-linguísticos locais e por grupos econômicos com interesses específicos. As fronteiras deixadas pelos colonizadores não correspondiam aos recortes étnicos e históricos pré-coloniais. Nesse sentido, o primeiro grande teste da África independente centrou-se na questão da **estabilidade das fronteiras** e, por isso, havia dificuldades para se efetivar uma concepção pan-africana de Estados Unidos da África ou para as federações ou semifederações criadas pelas metrópoles. Na Organização da Unidade Africana (OUA), criada em 1963, acabou prevalecendo a tese da **cooperação**, e não da integração dos países. As incipientes organizações regionais, de expressão predominantemente inglesa ou francesa, apresentavam projetos distintos para a cooperação:

> *Para as primeiras, a independência política conduziria naturalmente o continente à soberania econômica. Esse era o passo mais seguro em direção à cooperação e integração continentais. Para os países de expressão francesa, a manutenção de laços com a metrópole associando-se a seus interesses parecia uma boa forma para alcançar a gradual integração continental.* (Saraiva, 1993, p. 33)

As colônias tinham recursos econômicos muito diferentes, e as regiões com mais recursos não queriam associar-se às mais pobres. Assumiram tal posição a Costa do Marfim, com plantações de cacau, produção de marfim e fácil acesso às rotas marítimas, e o Gabão, rico em petróleo e minerais. Pouco importava se Nkrumah (Gana), Senghor (Senegal) ou Modibo Keita (Mali) pensassem em unidades maiores. Porém, o fracasso das tentativas de se consolidarem tais agrupamentos foi compensado por um grau notável de sucesso na prevenção da desintegração das unidades territoriais básicas criadas durante o período colonial, mesmo com as diversas guerras separatistas (Nigéria, Congo/Zaire e Sudão).

As análises superficiais sobre os conflitos africanos reforçaram o clichê que explica a instabilidade política da África como decorrente das fronteiras herdadas do colonialismo, consideradas "artificiais". Devemos problematizar tal conceito: a ideia de fronteira "não artificial" não tem sentido em história, pois todas as fronteiras dos Estados modernos são historicamente construídas – podendo ser diferentes – fundamentando-se na afirmação interna e externa, normalmente recorrendo-se à violência. Entretanto, como a história não se repete, o processo da África não é equivalente ao da Europa na Idade Moderna, uma vez que ocorre em outro contexto espaço-temporal e, exatamente por isso, a África pode superar os problemas deixados pelos Estados europeus, construindo soluções criativas, flexíveis e adaptadas, como Estados multinacionais e multiculturais.

As fronteiras africanas foram, em grande parte, herdadas do colonialismo, mas sua implementação também foi resultado de acordos com chefes políticos africanos que tinham uma região sob seu domínio ou da luta colonialista contra povos de diversas regiões, que não queriam estabelecer acordos ou a eles se impunham. Dessa forma, o imperialismo europeu na África não conseguiu anular inteiramente a realidade preexistente. Assim, as atuais fronteiras africanas são resultado de complexas interações entre estruturas estatais, étnicas e territoriais africanas preexistentes, transformações provocadas pelo imperialismo e as próprias escolhas dos novos governos africanos independentes. Conforme Döpcke (1999, p. 99),

> Os Estados pré-coloniais tinham, na sua composição e estrutura, as mesmas características [multidão de etnias diferentes]: cortavam, através de suas fronteiras, grandes regiões culturais e linguísticas e não se distinguiam pela homogeneidade étnica. Neste sentido, a fronteira moderna na África parece até menos "artificial". A multietnicidade e as culturas e etnias politicamente divididas representam uma forte tradição africana desde a época pré-colonial, sobrevivendo até os dias atuais.

Desse modo, as principais fontes de instabilidade na África, que causaram conflitos, não estão relacionadas principalmente à disputa de "fronteiras étnicas", mas a interesses geopolíticos e geoeconômicos, localizados e potencializados por estrangeiros. Conforme Amin (1981), os povos periféricos, separados por fronteiras majoritariamente arbitrárias e artificiais, muitas vezes não constituem nem uma nem várias nações, mas etnias, em momentos diversos de agregação e desenvolvimento, em processo de formação nacional. A questão da fusão de etnias em nações nas sociedades periféricas mostra o caráter extrovertido – ou voltado para o exterior – da formação desses países, nos quais a burguesia e suas elites tradicionais, ligadas aos agentes imperialistas externos, formam uma economia internamente desarticulada. A dominação internacional reflete-se na estruturação interna desses países dependentes e "as lutas de classes manifestam-se frequentemente como lutas étnicas, podendo, pois, ser manipuladas do interior e do exterior por classes reacionárias e forças imperialistas" (Amin, 1981, p. 149). Nesse sentido, a divisão dos países em unidades menores, segundo as etnias, não resolveria o subdesenvolvimento, a superexploração do campo, a dependência externa dos países africanos e as enormes fraturas sociais nessas localidades.

Após a descolonização, a África se tornou o continente com o maior número de conflitos armados. Desde 1955, apenas Tunísia, Costa do Marfim, Benin, Guiné Equatorial, Gabão, Botsuana, Malaui e Madagascar – que correspondem a um quinto dos países africanos – não tiveram conflitos armados. A maioria das guerras resultou de conflitos internos, principalmente de levantes contra o regime no poder. Embora muitos deles tivessem simpatia e apoio de países vizinhos, raramente ocorreu uma guerra aberta entre dois Estados africanos. Das cerca de 30 disputas fronteiriças ocorridas entre a descolonização e os anos 1990, 25 não envolveram violência, mas negociações diplomáticas (Döpcke, 1999). Por outro lado, em pouco tempo ocorreu uma verdadeira "enxurrada" de golpes militares (1965-1966), como em Gana, Nigéria, Argélia, Zaire, Alto Volta, República Centro-Africana e Burundi. Em 1967, a maioria das novas nações africanas não estava mais sob o comando de representantes eleitos, mas sob regimes militares ou governos civis autoritários. Em muitos casos, se considerarmos a latente pressão das forças centrífugas nesses jovens países, o Exército constituía a única organização com base nacional que poderia garantir a preservação da integridade do país durante o período inicial da independência.

(5.2)
O IMPERIALISMO TARDIO E A DESCOLONIZAÇÃO DA ÁFRICA PORTUGUESA

Os portugueses mantiveram na África um colonialismo antigo e prolongado. Foram os primeiros a implementarem o domínio europeu no país, na época das Grandes Navegações, no século XV, e estiveram entre os últimos a sair, lutando para prolongar ao máximo seu imperialismo colonialista. Sua longevidade, que não significou progresso para as colônias, não integrou as populações à civilização lusitana e não modernizou as estruturas sociais nativas. Portugal terminou por se envolver na mais longa e sangrenta guerra de dominação colonial. Sua derrota veio com a Revolução dos Cravos, em 1974, ocorrida no próprio país, que destituiu o governo salazarista[I], redemocratizou a metrópole e negociou a retirada das elites derrotadas. A pobreza e o atraso portugueses refletiram-se na incapacidade de se criar uma continuidade territorial entre Angola e Moçambique, bem como na pequena extensão de suas outras colônias, constituídas pelo enclave continental de Guiné-Bissau e por pequenos e estratégicos arquipélagos: Cabo Verde e São Tomé e Príncipe. Com exceção de Guiné-Bissau, que se tornou independente em 1973, o Império Colonial Português foi desmantelado em 1975.

I. O Estado Novo português, conhecido como salazarismo, *foi um regime político autoritário que se iniciou em 1933 e foi derrubado em 1974. Foi iniciado por António de Oliveira Salazar e continuado por Marcello José das Neves Alves Caetano na última fase do regime (1968-1974).*

O movimento nacionalista de Guiné-Bissau e Cabo Verde teve início em 1956, quando os nacionalistas organizaram o Partido Africano para a Independência da Guiné e Cabo Verde (PAIGCV) sob a liderança de Amílcar Cabral. O caráter revolucionário do nacionalismo foi dado pela reivindicação de independência e, principalmente, pela transformação social na construção da nacionalidade. Em 1963, iniciou-se a luta armada – única opção dada pelos colonialistas portugueses –, promovendo-se a guerra popular de libertação e desejando-se a construção do Estado independente.

Os portugueses foram gradualmente derrotados e isolados, sendo sua última tentativa colonial o assassinato de Amílcar Cabral, na Guiné-Conacri – país também conhecido simplesmente por *Guiné* –, realizado por dissidentes cooptados pelo governador português, General António de Spínola, no início de 1973. No entanto, a guerra de libertação já era vitoriosa e, em setembro do mesmo ano, uma Assembleia Nacional Popular, convocada pelo partido, proclamou a independência, que teve profunda repercussão em Portugal. Em 1974 – em meio à Revolução dos Cravos –, Portugal reconheceu o novo Estado. Cabo Verde ganhou, assim, um governo provisório e alcançou a independência em 1975, separando-se da Guiné-Bissau. Enquanto isso, foi proclamada a independência de São Tomé e Príncipe após rápidas negociações com o Movimento de Libertação de São Tomé e Príncipe (MLSTP). Todos esses novos países apresentaram Estados de caráter socializante, efeito da longa luta de libertação e do comprometimento dos países ocidentais com a guerra colonial portuguesa, por meio da Organização do Tratado do Atlântico Norte (Otan).

Em 1962, o movimento nacionalista criou a Frente de Libertação de Moçambique (Frelimo), que congregou grupos e tendências esparsos. Seu projeto propugnava a derrota do colonialismo e a revolução popular socialista. A partir do norte, as guerrilhas nacionalistas obrigaram os portugueses a se concentrarem no sul do país. Em 1969, o líder da Frelimo, Eduardo Mondlane, foi assassinado, mas o movimento seguiu crescendo, conquistando amplo apoio popular e estabelecendo bases no interior. A permanência portuguesa na África imobilizava a maior parte de seu exército nas colônias e drenava mais da metade do seu orçamento. Somente a ajuda recebida da Otan possibilitou a sobrevivência imperial. Quando da Revolução dos Cravos, a Frelimo já era vitoriosa em sua luta de libertação. Em 1975, os Acordos de Lusaka reconheceram a independência unilateral e propuseram uma democracia multirracial que seria a garantia de sua supremacia. Derrotados, os colonos portugueses abandonaram o país.

Com a independência, a Frelimo passou a construir um Estado socialista, declarando-se marxista-leninista. O programa de nacionalização e reestruturação rural criado na independência passou a enfrentar resistência política e foi sabotado e corroído pela guerrilha da Resistência Nacional de Moçambique (Renamo), apoiada e financiada pela Rodésia do Sul, pela África do Sul e pelos antigos colonos a partir de 1980. Moçambique buscou uma aliança com a União Soviética e procurou se desenvolver de forma independente em relação à África do Sul, de quem era dependente economicamente.

A descolonização de Angola foi a mais complexa e conflituosa – por seu potencial agrícola e mineral e em razão da disputa de três movimentos de libertação com projetos e bases divergentes.

O Movimento pela Libertação de Angola (MPLA), sob a direção de Agostinho Neto, foi o primeiro, em 1956. Por ter ampla base social, nacional e popular, foi sempre majoritário. Declarava-se marxista e defendia que a independência teria forçosamente de ser acompanhada por transformações sociais. Apoiado por países progressistas africanos, o MPLA apresentava uma rigorosa organização e terminou por conquistar o poder com a independência. A Frente Nacional de Libertação de Angola (FNLA), surgida em 1962 e comandada por Holden Roberto, tinha base no norte do país e mantinha ligações com o Ocidente e com o Zaire, além de reivindicar identidade étnica ligada às populações do norte de Angola e do leste do Zaire. A FNLA criou o Governo Revolucionário de Angola no Exílio, mas um de seus ministros, Jonas Savimbi, retirou-se em 1966 por considerá-lo racista e americanófilo e criou a União Nacional pela Independência Total de Angola (Unita), com base no sul da colônia e na etnia dos mbundu, a maior da população angolana, mas também integrada por brancos.

Esses três movimentos lutavam contra Portugal e entre si, com cada um deles controlando uma região angolana. Portugal foi derrotado e buscava retirar-se. Em janeiro de 1975, os Acordos de Alvor estabeleceram um governo de transição no qual os três movimentos se apresentaram como frente única – depois dos Acordos de Mombaça, promovidos por Kenyatta no Quênia. Em Alvor, foram estabelecidas a divisão paritária dos ministérios e a exigência de decisões unânimes, além da realização de eleições. O processo eleitoral não se realizou, por oposição da FNLA e do MPLA, ainda que com o apoio da Unita.

Em julho do mesmo ano, a FNLA lançou uma ofensiva militar pelo poder, o que levou ao fim do governo de transição. A batalha por Luanda, capital do país, terminou por unir a FNLA e a Unita contra o MPLA. A vitória dos partidários de Agostinho Neto, com o auxílio cubano, possibilitou a proclamação pelo MPLA, em 11 de novembro de 1975, da República Popular de Angola. A República passou a enfrentar a Unita, apoiada por África do Sul, China, Estados Unidos e por conservadores africanos, enquanto a FNLA se desintegrou por problemas internos. Uma última ofensiva contra a República de Angola foi tentada pela Unita, pela FNLA e por tropas sul-africanas. As forças do MPLA, com apoio cubano, venceram a batalha e consolidaram o poder, além de se reconciliarem com o Zaire. A partir desse momento, a Unita iniciou uma guerra de guerrilha apoiada pela África do Sul.

(5.3)
A Guerra Fria e a crise econômica na África

Os conflitos africanos foram alimentados pela Guerra Fria, pois a disputa sistêmica entre Estados Unidos e União Soviética também buscava aliados na África. Vários países – como a França – mantiveram bases aéreas ou navais no continente, o que reforçou o comércio internacional de armas. De fato, a simples presença da União Soviética e de seus aliados foi de grande importância para os africanos e para sua relação com o mundo ocidental, configurando um importante espaço de barganha. Por outro lado, tal presença estimulou os Estados Unidos a apoiar a ditadura de Mobutu no Zaire, a guerrilha da Unita em Angola e o *apartheid* na África do Sul.

A independência das colônias portuguesas provocou uma reviravolta na geopolítica da África Austral na década de 1970, uma vez que se formou um grupo de países de orientação progressista – os **países da linha de frente** (envolvendo Zâmbia, Angola, Botsuana, Moçambique e Tanzânia) –, cujo objetivo central era a crítica aos regimes racistas da Rodésia e da África do Sul, que ocupava a Namíbia, de onde promovia ataques aos outros países da região. Com a ascensão de um governo negro na Rodésia – que mudou seu nome para *Zimbábue* –, em 1980, a África do Sul ficou mais isolada na região. Apoiados por União Soviética, Cuba e outros países socialistas, os países da linha de frente tinham como objetivo eliminar o *apartheid* e a agressão sul-africana e desenvolver de forma independente as jovens nações africanas.

Para Cuba, a presença efetiva na África significava poder participar do grande jogo das relações internacionais na Guerra Fria (Chaliand, 1982). Em 1961, um navio cubano levou armas à guerrilha argelina e voltou carregado de feridos e órfãos. Depois, tropas cubanas foram à Argélia para defender as fronteiras ameaçadas desse país. De 1964 a 1965, o governo cubano enviou tropas para o Congo-Kinshasa (República Democrática do Congo, antigo Zaire); o comandante Ernesto "Che" Guevara participou das operações, enquanto outro grupo foi enviado ao antigo Congo-Brazzaville (atual República do Congo). Em 1966, os cubanos prestaram ajuda – militar, médica e material – às forças anti-imperialistas do Partido Africano da Independência da Guiné e Cabo Verde. Os cubanos também se uniram aos revolucionários moçambicanos e etíopes, além de ajudarem os nascentes governos independentes a fundar e a treinar suas Forças Armadas. De 1975 a 1990, milhares de cubanos lutaram ao lado do governo angolano.

No plano inter-regional, ressaltamos a cooperação afro-árabe, em especial após o choque petrolífero – ou crise do petróleo – de 1973. A solidariedade africana à questão árabe contra Israel e a participação de nove países da OUA na Liga Árabe contribuíram para tal aproximação. Enquanto o Banco Árabe para o Desenvolvimento Econômico da África (Abeda) financiava diversas ações no continente, os países árabes exportadores de petróleo tentavam atenuar o aumento dos preços para os consumidores africanos. Em 1977, a Conferência de Chefes de Estado da OUA e da Liga Árabe, realizada no Cairo, Egito, elencou como princípios o não alinhamento, a solidariedade afro-árabe e a condenação ao sionismo, ao colonialismo e ao *apartheid*. Entretanto, os recursos para a cooperação afro-árabe foram muito inferiores aos desejados pelos africanos, uma vez que os árabes sofriam com as vicissitudes dos conflitos no Oriente Médio, que muitas vezes paralisaram os projetos de cooperação (Saraiva,1993).

Se, estrategicamente, a África ganhava espaço e margem de manobra, na economia suas fragilidades se ressaltavam. Muitas oscilações em sua história econômica recente se deveram às sucessivas descobertas de petróleo em alguns países e às flutuações do preço do produto no mercado mundial. Países como Líbia e Nigéria viram suas receitas crescerem enormemente em função da venda do petróleo. Enquanto as crises do petróleo aumentaram a renda dos países exportadores (incluindo Argélia, Angola, Congo, Costa do Marfim e Gabão), para os países africanos dependentes de importação de petróleo elas foram um verdadeiro desastre. A crise também afetou os exportadores quando o preço baixou, pois não puderam manter seus orçamentos. Na Nigéria, durante esses anos, a renda *per capita* recuou para menos de um terço do patamar atingido no início da crise. O endividamento externo do continente alcançou enormes cifras: em 1988, o serviço da dívida dos países africanos tropicais correspondia, em média, a 47% de suas exportações. As fontes quase únicas de empréstimos eram o Fundo Monetário Internacional (FMI) e o Banco Mundial, que exigiam um ajuste estrutural nos moldes do neoliberalismo: privatizações, redução dos gastos do Estado e abertura econômica (Oliver, 1994).

Em 1981, o Banco Mundial lançou um documento conhecido como *Relatório Berg*, cujo objetivo era defender a visão de que os problemas econômicos e de desenvolvimento da África tinham causas internas. O relatório criticava profundamente os governos africanos, em especial aqueles que teriam incentivado a indústria em detrimento da proteção à agricultura e o excesso de intervenção do Estado na economia. Praticamente inocentando as variáveis externas, o documento concluía que a solução estava na substituição das "más políticas" pelas "boas", reduzindo-a a uma questão de escolha racional. Na mesma época, os próprios governos africanos questionaram essa leitura "internalista" e de Estado minimalista da crise. No mesmo ano, foram publicados os resultados do encontro de chefes de Estado africanos ocorrido em Lagos (Nigéria): o Plano de Ação de Lagos descreveu a crise africana como uma série de choques externos, em especial a deterioração dos termos de troca, o pagamento do serviço da dívida externa e o protecionismo dos países desenvolvidos. A solução para o problema não estaria nas políticas de mercado, mas na capacidade de os Estados mobilizarem recursos nacionais para a integração e a cooperação econômica (Arrighi, 2002).

No entanto, os anos seguintes foram de crise econômica e fome na África. Em 1985, ocorreu um novo encontro da OUA em Adis Abeba (Etiópia), para discutir o tema e preparar um plano de ação com a ONU. No encontro, foi produzido o documento *Africa's Priority Programme for Economic Recovery, 1986-1990*, no qual os governantes africanos aceitavam a tese da responsabilidade interna africana sobre os problemas do continente, assim como concordavam em implementar as reformas liberais preconizadas pelo Banco Mundial. Em troca, teriam a dívida externa renegociada com a comunidade internacional e a promessa de se buscarem soluções para o problema da redução dos preços das matérias-primas. Com isso, o **neoliberalismo** se afirmava no continente (Arrighi, 2002).

Na realidade, os custos da crise econômica mundial das décadas de 1970 e 1980 foram fortemente repassados ao Terceiro Mundo. Os países ricos conduziram, então, uma política de redução das importações, e ocorreu uma redução dos recursos dos países exportadores de matérias-primas, em virtude da queda das exportações em preços e volume. Os bancos privados com sede em países desenvolvidos, bem como as instituições de crédito internacionais, elevaram os juros, o que aumentou as dívidas externas. Para pagar o serviço, os países africanos tiveram de exportar cada vez mais. Assim, a oferta de matérias-primas e produtos pouco elaborados no mercado mundial aumentou, o que desvalorizou os preços. Também devemos levar em conta a **revolução tecnológica**, com sua tendência à desvalorização das matérias-primas. Dessa forma, do ponto de vista econômico, a década de 1980 representou a "década perdida" para a África, com a redução do Produto Interno Bruto (PIB) do continente e a exclusão de regiões inteiras do mercado mundial. Nesse contexto, ocorreu uma "bifurcação" do Terceiro Mundo: se, por um lado, os países do Leste Asiático – em especial os Tigres Asiáticos – cresciam com taxas elevadas, por outro, assistia-se à estagnação e ao declínio econômico de amplas áreas da América Latina e da África.

(5.4) A ÁFRICA NO PÓS-GUERRA FRIA: MARGINALIZAÇÃO E CONFLITOS MICROCENTRADOS

No fim da década de 1980, os sinais do fim da Guerra Fria começaram a aparecer. Depois da derrota na Batalha de Cuito Cuanavale, sofrida pelos sul-africanos para as tropas cubano-angolanas, em 1988, Estados Unidos e África do Sul decidiram negociar uma pacificação. Os Estados Unidos propuseram trocar a retirada cubana pela independência da Namíbia, ocupada pela África do Sul e utilizada como "ponta de lança" para atacar a Angola. Em 1989, os cubanos se retiraram de Angola e da Etiópia e iniciou-se o processo de independência namibiano, concluído em 1990. O fim da Guerra Fria também influenciou a queda dos regimes de partido único apoiados pelo Ocidente, enquanto ocorria a derrubada dos regimes marxistas ou, pelo menos, a conversão de parte de seus dirigentes ao liberalismo. Em 1990, o governo sul-africano promoveu a libertação do líder negro Nelson Mandela e, em 1991, o fim do *apartheid*.

Entretanto, o fim da Guerra Fria não trouxe solução para os conflitos e problemas africanos, pois representou a perda de importância estratégica e capacidade de barganha da África. Assim, o continente passou a sofrer os efeitos da marginalização e da desestrategização por parte das grandes potências, que reduziram a cooperação e a ajuda. Retirados os esteios garantidores de algum equilíbrio regional, violentos conflitos foram desencadeados, em grande parte tribalizados, carregados de forte conteúdo étnico, com armas pouco modernas e financiamentos privados ("senhores da droga", velhas elites oligárquicas e empresas multinacionais) e governamentais, nacionais e estrangeiros.

Na década de 1990, ocorreu uma série de conflitos no continente africano: Ruanda e Burundi, Somália, Libéria, Zaire, Serra Leoa e Nigéria, entre outros. Com dificuldades, a OUA criou Forças de Paz para barrar os conflitos, como na Libéria e em Serra Leoa. Entre as intervenções da ONU, é importante ressaltarmos a que ocorreu na Somália, em 1992, e que tinha como objetivo restaurar a esperança no Chifre da África por meio do fim dos conflitos de clãs que ocorrem no país desde a queda de Siad Barre, em 1991. A operação, com um custo elevado para a ONU e para os Estados Unidos, fracassou quando se tentou capturar o General Mohammed Aidid, líder da Aliança Nacional Somali. Após a morte de vários "capacetes azuis", os Estados Unidos e a ONU negociaram sua retirada em 1994, em troca de um piloto militar estadunidense capturado. A crise na Somália persiste até os dias atuais.

Na esteira das crises nos anos 1990, o conflito entre tutsis e hutus envolveu Ruanda, Burundi e Zaire e foi o que mais impacto causou, por suas dimensões e consequências. O massacre mútuo entre tutsis e hutus – com quase 1 milhão de mortos – parecia um conflito étnico, mas tinha raízes na colonização belga, que havia estimulado a diferença entre os grupos como forma de controle colonial. A queda de Mobutu, no Zaire, em 1997, teve um significado estratégico, pois privou a França de um importante aliado no continente, o qual apoiava as políticas ocidentais contra os governos progressistas. Em 1997, as tropas da Aliança das Forças Democráticas para a Libertação (AFDL) derrubaram Mobutu, proclamando a República Democrática do Congo (RDC) e Laurent-Désiré Kabila como presidente. Em agosto de 1998, militares congoleses tutsis de origem ruandesa lançaram um movimento de rebelião na região de Kivu, o que gerou a denominada *Segunda Guerra do Congo*, com a presença de milhares de soldados da ONU para tentar debelar o conflito.

Em janeiro de 2001, Laurent-Désiré Kabila foi assassinado e substituído por seu filho Joseph. De fevereiro de 2002 a abril de 2003, ocorreu o diálogo intercongolês em Sun City (África do Sul) envolvendo governo, rebeldes, sociedade civil e classe política, período no qual foram assinados acordos de paz entre República Democrática do Congo, Ruanda e Angola. Em 2003, ocorreu a formação de um governo de transição chamado de *União Nacional*, composto pelo Presidente Joseph Kabila e por quatro vice-presidentes de diferentes tendências políticas do país. Essa Guerra do Congo (1998-2003) teve como pano de fundo o controle de minerais estratégicos, como o *coltan*, combinação dos minerais columbite e tantalite, de que se extraem metais usados na fabricação de equipamentos eletrônicos avançados, considerados altamente estratégicos; 80% de suas reservas se encontram na República Democrática do Congo.

A Libéria é a república mais antiga da África Subsaariana. Entre 1997 e agosto de 2003, foi dirigida pelo ex-chefe de guerra Charles Taylor, substituído pelo vice-presidente, Moses Blah. Esse país já havia mergulhado, entre 1989 e 1997, em uma longa guerra civil liderada por Charles Taylor, então chefe de um dos bandos armados. O conflito entre diferentes grupos guerrilheiros deixou milhares de mortos e exilados. Desde 1999, o regime de Taylor enfrentava a rebelião dos Liberianos Unidos pela Reconciliação e a Democracia (Lurd), quando estes alcançaram e cercaram a capital, Monróvia. Em agosto de 2003, Taylor se retirou do país sob a proteção das tropas da União Africana.

O Sudão, maior Estado africano até 2011, atravessou uma guerra civil entre as regiões sul e norte que durou de 1955 a 2005, com uma interrupção entre 1972 e 1983. Em janeiro de 2005, o Partido do Congresso Nacional (representando o governo central) e o Movimento Popular de Libertação do Sudão[II] (representando a porção sul do país) assinaram um acordo de paz, colocando fim ao conflito. O acordo estabeleceu, além de um governo de unidade nacional, que o Sul receberia a prerrogativa de se autogovernar por um período de seis anos, após o qual haveria um referendo sobre a possibilidade de secessão. Em janeiro de 2011, quando o referendo foi realizado, mais de 98% dos votantes optaram pela separação do território do sul do Sudão, que veio a se tornar, em julho do mesmo ano, o Sudão do Sul, o mais novo país do mundo.

Nesse contexto, é importante reiterarmos que as análises que buscam explicar os conflitos e a violência pela mera existência de diferenças étnicas, religiosas e culturais, na realidade, obscurecem o caráter dinâmico e multifacetado dessas identidades, bem como a capacidade de muitos grupos étnico-culturais de conviverem

---

II. *Em inglês,* Sudan People's Liberation Movement *(SPLM).*

pacificamente em grande parte da África e do mundo. Além disso, o discurso essencialmente étnico ou identitário da crise esconde a atuação e a responsabilidade de diferentes atores africanos e estrangeiros que, em sua busca de poder e recursos, instrumentalizam as identidades étnicas e culturais. Também, mascara as profundas fraturas sociais herdadas do colonialismo e retroalimentadas no neocolonialismo pelas disputas das grandes potências.

Por outro lado, devemos registrar a **privatização** de muitos conflitos. Segundo Clapham (1996), as relações externas do continente africano foram privatizadas não somente pela subversão dos interesses políticos internos e externos ao continente pelos interesses privados, mas também por meio do deslocamento das relações tradicionais mantidas pelo Estado, oriundas do processo de globalização, com a presença e a interferência de agências e órgãos internacionais, organizações não governamentais, Igrejas etc. Verificamos, ainda, que muitos dos conflitos africanos têm origem (ou assim se alimentam) em interesses de empresas estrangeiras de obter ou controlar determinadas concessões para exploração econômica, sobretudo aquelas de extrativismo mineral e do setor petrolífero.

(5.5)
O FIM DO *APARTHEID* E A NOVA ÁFRICA DO SUL: O REENCONTRO COM O CONTINENTE

Em abril de 2004, foram realizadas as terceiras eleições federais na África do Sul, desde que a elite branca do país negociou sua saída do poder, em 1994, após 46 anos de *apartheid*, quando Nelson Mandela, líder da resistência negra, foi eleito presidente. Nesses dez anos, a África do Sul demonstrou a consolidação de um novo regime que, embora não tenha provocado as transformações esperadas na realidade social vigente no país, tem conduzido importantes mudanças com efeitos internos e internacionais que, de certa forma, marcam a transição para uma reafirmação da África no sistema mundial.

Situada na rota comercial para as Índias e habitada por diversos grupos negros, a África do Sul foi colonizada, a partir do século XVI, principalmente por imigrantes holandeses – chamados *bôeres* ou *africânderes* –, que desenvolveram uma língua própria, o africâner. Durante o século XIX, ocorreu uma série de conflitos entre ingleses – que foram ocupando a região –, negros e bôeres. Com os choques, em 1836, os bôeres emigraram para o nordeste do território, fundando duas repúblicas independentes, Transvaal e Estado Livre de Orange. A entrada dos ingleses em Transvaal resultou na Guerra dos Bôeres, com vitória britânica. A partir de 1911, a minoria branca, composta por africânderes e descendentes de britânicos, promulgou uma série de leis que consolidaram seu poder sobre os negros. A política do *apartheid* – "separação", em africâner – foi oficializada em 1948, com a chegada do Partido Nacional (PN) ao poder. O *apartheid* impedia o acesso dos negros à propriedade da terra e à participação política e os obrigava a viver em zonas residenciais segregadas, proibindo inclusive casamentos e relações entre pessoas consideradas de etnias ou raças diferentes.

Na década de 1950, a oposição ao *apartheid* ganhou força quando o Congresso Nacional Africano (CNA), organização negra criada em 1912, deflagrou uma campanha de desobediência civil. O Massacre de Sharpeville, em 1960, quando a polícia matou

67 negros que participavam de uma manifestação, provocou protestos no país e no exterior. Em 1962, o governo declarou o CNA ilegal e condenou seu principal líder, Nelson Mandela, à prisão perpétua. Em maio de 1963, o Parlamento da África do Sul aprovou um projeto de lei que previa a tortura para os detidos. Na década de 1970, a política do *apartheid* recrudesceu: uma série de leis classificava e separava os negros em grupos étnicos, tentando confiná-los a territórios denominados *bantustões* (Ki-Zerbo, 1991).

Com o fim do Império Colonial Português na África e o fim do governo de minoria branca na então Rodésia (atual Zimbábue), o domínio branco sul-africano passou a uma posição defensiva. Em 1976, uma nova onda de protestos culminou com o massacre de Soweto, cidade destinada a negros e contígua a Joanesburgo. Na década de 1980, as pressões internas e internacionais aumentaram, pois o fim da Guerra Fria desestrategizou o *apartheid* e obrigou o governo a iniciar algumas reformas (Döpcke, 1998). Em contrapartida, o fim do regime foi um dos acontecimentos de maior impacto na África pós-Guerra Fria. A África do Sul experimentava então um isolamento diplomático internacional em razão de sua política racista de segregação. As críticas interna e externa ao regime racista foram se intensificando até a posse do presidente Frederik de Klerk, em 1989, que provocou várias mudanças no país. Em 1990, Mandela foi liberto e o CNA voltou à legalidade. De Klerk revogou as leis raciais e iniciou o diálogo com o CNA. Sua política, criticada pela direita, foi legitimada por um plebiscito em 1992, no qual os brancos, os únicos que puderam votar, aprovaram o fim do *apartheid*.

Inconformados com o avanço das reformas, líderes extremistas brancos fundaram, em 1993, a Frente Nacional Africânder (FNA).

Mesmo com a resistência dos extremistas, De Klerk convocou, para 1994, as primeiras eleições multirraciais para um governo de transição, ocasião em que Mandela foi eleito presidente da África do Sul, governando o país de 1994 a 1999. A aliança do CNA de Mandela com o PN de De Klerk viabilizou o primeiro governo multirracial do país e rendeu aos dois o Prêmio Nobel da Paz de 1993. A transição negociada também foi criticada por organizações como o Partido da Liberdade Inkatha (IFP), organização zulu que disputa com o CNA a representação política dos negros sul-africanos.

O governo de coalizão comandado por Mandela enfrentou o desafio de restaurar as propriedades das famílias negras atingidas pela Lei de 1913, que garantia 87% do território sul-africano à minoria branca. Por não concordar com os rumos do governo, o PN se retirou em 1996. A Comissão de Verdade e Reconciliação, criada em 1995 com o objetivo de promover a reconciliação entre os sul-africanos, não obteve maiores avanços. Entretanto, leis abrangentes contra a discriminação de raça, de gênero e de deficiência física e contra o uso de termos racistas pela mídia foram aprovadas em janeiro de 2000.

Em 1999, o Vice-Presidente Thabo Mbeki foi eleito presidente. As eleições parlamentares de junho daquele ano foram vencidas pelo CNA, que formou uma coalizão com o partido Frente Minoritária, assegurando dois terços das cadeiras da Assembleia Nacional. O PN disputou as eleições como Novo Partido Nacional (NNP). Nesse contexto, Mbeki assumiu a presidência com o desafio de garantir a continuidade do regime democrático e reduzir as diferenças sociais entre brancos e negros.

As mudanças promovidas na África do Sul têm sido lentas, o que causa o descontentamento da maioria negra, que vê as riquezas do país ainda concentradas nas mãos da minoria branca. O programa de governo teve como metas uma transição gradual, respeitando a propriedade privada, as relações com as multinacionais e os interesses estrangeiros. Além disso, também segue algumas das metas do FMI e do Banco Mundial – liberalização da economia e limitação dos gastos sociais –, o que resulta em aumento de algumas desigualdades sociais. A participação dos negros na riqueza tem aumentado, mas beneficia apenas uma elite relativamente pequena (os chamados *buppies*). O desemprego, que chega aos 30%, e a Aids, que atinge cerca de 5 milhões de sul-africanos, têm demandado esforços adicionais do governo. A concentração das terras nas mãos dos brancos – base fundamental do regime colonial e do *apartheid* – ainda permanece. O governo implementou um programa de reforma agrária que, com um orçamento limitado, pouco restituiu terras aos negros. Nesse contexto, os conflitos rurais têm recrudescido, estimulando até mesmo a formação, em 2001, do Movimento do Povo Sem-Terra.

Mesmo com a persistência desses problemas, a maioria da população tem apoiado o governo do CNA. Tal fato foi demonstrado com a reeleição de Thabo Mbeki para a presidência do país em abril de 2004 e de seu sucessor, Jacob Zuma, em 2009 (reeleito em 2014). A África do Sul representa uma peça-chave para a retomada do desenvolvimento africano e para uma melhor projeção internacional do continente, seja por sua projeção econômica e política, seja pelas expectativas geradas com o fim do *apartheid*. O povo negro sul-africano venceu o *apartheid* racial, conquistando direitos civis e políticos, mas ainda enfrenta o enorme desafio de superar o *apartheid* social e a pobreza na luta para garantir seus direitos sociais.

(5.6)
A NOVA DIPLOMACIA E O "RENASCIMENTO" AFRICANO NA BUSCA DA AUTONOMIA

A marginalização e a desestrategização da África, ocorridas com o fim da Guerra Fria, marcaram uma nova etapa nas relações internacionais e no processo de desenvolvimento do continente. Enquanto o mundo passa por uma reorganização após a Guerra Fria, a África vem dando sinais de transformações profundas e novas tendências, no sentido de sua reafirmação, na busca de soluções e na construção de sua autonomia. O momentâneo desinteresse dos países desenvolvidos pela África na década de 1990 ofereceu uma oportunidade para o continente se reorganizar em bases mais autônomas. Essa autonomia está baseada em um relativo enfraquecimento da influência europeia direta na África, em especial a francesa, na rearticulação regional africana acarretada pela África do Sul e por outros países-polo do continente (Vizentini, 2003).

Assim, no plano das relações internacionais, a África do Sul tem provocado uma importante inflexão, com significados regionais e internacionais. A diplomacia pós-*apartheid* buscou construir parcerias regionais, com o país ingressando na OUA e no Movimento dos Não Alinhados e estabelecendo parcerias em outros continentes, destacando-se países como China, Brasil, Cuba, Líbia e Índia. A África do Sul está articulada com o bloco econômico da África

Austral, a Comunidade para o Desenvolvimento da África Austral (SADC), e tem promovido uma intensa cooperação econômica no continente. Também é importante salientarmos sua recente associação com o Brasil e com a Índia na formação do G-3.

A SADC remonta ao bloco político de luta contra os regimes racistas, os países da linha de frente, e ao bloco econômico equivalente, a Conferência de Coordenação para o Desenvolvimento da África Austral (SADCC), fundada em 1980. Esse bloco não avançou, em virtude das guerras persistentes e da ausência da maior economia da região, a África do Sul. Com o fim do regime do *apartheid*, no início da década de 1990, e a adesão da África do Sul, a situação mudou completamente. Na SADC, os membros têm funções específicas: África do Sul, finanças e investimentos; Angola, energia; Botsuana, produção agropecuária; Lesoto, conservação da água e do solo e turismo; Malaui, florestas e fauna; Maurício, sem função específica; Moçambique, transportes, cultura e comunicações; Namíbia, pesca; Suazilândia, recursos humanos; Zâmbia, minas; Zimbábue, segurança alimentar. Tanzânia, República Democrática do Congo e Seicheles aderiram posteriormente ao bloco.

A SADC é considerada o maior bloco de todo o continente africano, apresentando atualmente um PIB de quase US$ 200 bilhões e uma população total de mais de 200 milhões de pessoas. África do Sul, Namíbia, Botsuana, Lesoto e Suazilândia formam o núcleo central da SADC, pois constituem a União Aduaneira da África Austral (Sacu), uma zona de livre comércio.

Em 2001, foi lançada a Nova Parceria para o Desenvolvimento Africano (Nepad), um plano de desenvolvimento do continente. Esse plano tem como características o vínculo entre democracia, governabilidade e desenvolvimento, uma abordagem diferente da do FMI e do Banco Mundial para os problemas africanos, além de ter sido criado pelos próprios africanos. Propondo uma nova base de inserção internacional da África, a Nepad retoma certa ofensiva diplomática do continente no debate sobre o seu desenvolvimento.

No campo político, em julho de 2002, foi ratificada por 53 países do continente a criação da União Africana (UA), que substitui a OUA. O único país que não participa da UA é o Marrocos, em função da admissão do Saara Ocidental como Estado-membro. Com o objetivo de ampliar a integração e a cooperação entre os africanos, esse novo organismo foi dotado de um Conselho de Paz para tratar dos conflitos na região, ao mesmo tempo que tenta propor a criação de um bloco econômico para promover o desenvolvimento. Em 2003, a UA se opôs à invasão estadunidense no Iraque sem a aprovação do Conselho de Segurança da ONU. Em 2004, entrou em funcionamento o Parlamento Africano, com sede na África do Sul.

Dessa forma, vislumbramos a possibilidade de um "renascimento" africano por meio dos processos de cooperação e reafirmação no sistema mundial. Embora persistam os conflitos, o neocolonialismo e o subdesenvolvimento, assistimos no continente africano a uma recomposição social e política, efetivada mediante os processos que descrevemos acima e a procura de soluções negociadas, o que tem aberto muitas possibilidades para seu desenvolvimento. Os povos do continente africano têm renovadas suas possibilidades de reconstruir sua autonomia. Talvez os africanos promovam a nova ligação Sul-Sul, unindo os povos da América Latina, da África e da Ásia na luta por um mundo melhor, superando a bifurcação das décadas de 1980 e 1990.

(5.7)
A Primavera Árabe no continente africano

Em 17 de dezembro de 2010, Mohamed Bouazizi, um vendedor de rua tunisiano de 26 anos, morreu após colocar fogo no próprio corpo em protesto contra os elevados preços dos alimentos e contra o regime repressivo do presidente da Tunísia, Zine El Abidine Ben Ali. Esse ato marcou o início de uma série de protestos que se espalharam rapidamente pelo país e culminaram, em janeiro de 2011, com a derrubada de Ben Ali. Em seguida, manifestações populares se multiplicaram pelo norte da África e pelo Oriente Médio, configurando o fenômeno que ficou conhecido como *Primavera Árabe*. A *Revolução de Jasmim*, como foi chamado o processo desencadeado na Tunísia, foi o primeiro levante popular a derrubar um governo estabelecido na região desde a Revolução Iraniana, em 1979.

O governo de transição formado na Tunísia, composto por membros da administração anterior, também sofreu forte oposição popular, até que o partido de Ben Ali foi banido e foram abolidas as forças especiais que atuavam como "polícia política". Em março de 2011, ocorreram eleições parlamentares, e o Movimento Enhada – partido de inspiração islâmica colocado na ilegalidade sob as ordens de Ben Ali – conquistou 90 dos 217 assentos do Congresso. Em dezembro do mesmo ano, em eleições indiretas, o antigo dissidente e ativista dos direitos humanos, Moncef Marzouki, foi eleito presidente. Em janeiro de 2014, foi adotada uma nova Constituição e, em outubro, novas eleições parlamentares foram realizadas. O partido secular Nidaa Tounes, criado em 2012, conquistou o maior número de assentos. No fim de novembro de 2014, foi realizado o primeiro turno das eleições presidenciais, com a vitória de Béji Caïd Essebsi sobre Moncef Marzouki.

No Egito, o descontentamento com o regime de Hosni Mubarak, no poder há quase 30 anos, já havia explodido ocasionalmente em manifestações nas ruas nos últimos anos e, no início de 2011, ganhou força. Multidões cada vez maiores se reuniram na Praça Tahrir, no centro do Cairo, e em outras cidades e, depois de vários sinais confusos do regime diante das mobilizações e de surtos de violência envolvendo as forças de segurança do Estado, oficiais do alto escalão do Exército egípcio passaram a apoiar os manifestantes. Em 11 de fevereiro, o Conselho Supremo das Forças Armadas assumiu o governo egípcio, após a renúncia de Mubarak. Os dois turnos das novas eleições presidenciais foram realizados entre maio e junho de 2012, e o candidato da Irmandade Muçulmana, Mohamed Morsi, saiu vitorioso.

No dia 30 de junho de 2013, data em que o governo de Morsi completou um ano, diversos protestos eclodiram no Egito, resultado da insatisfação popular com a continuidade da deterioração econômica do país e de controvérsias acerca de medidas que concentraram o poder nas mãos do presidente e de membros da Irmandade Muçulmana. À medida que mais pessoas se concentravam na Praça Tahrir, as Forças Armadas rapidamente impuseram um ultimato de 48 horas para que Morsi respondesse às demandas populares e propusesse um plano para resolver a crise política na qual o país se encontrava. O presidente eleito rejeitou o ultimato e, quando expirou o prazo imposto pelos militares, foi deposto e preso, no dia 3 de julho. Nos dias 14 e 15 de janeiro de 2014, foi realizado um referendo popular que aprovou uma nova Constituição para o Egito. A votação, todavia, ocorreu em meio a embates das forças de segurança e oposicionistas, sobretudo membros da Irmandade Muçulmana. Em maio de 2014, ocorreram novas eleições presidenciais – sem a participação do partido da Irmandade Muçulmana, o qual foi banido – e foi eleito o ex-Ministro da Defesa egípcio, Abdel Fattah El-Sisi, figura central na derrubada de Morsi.

Em fevereiro de 2011, uma série de protestos ocorreu na região leste da Líbia e, concomitantemente, teve início um levante armado, organizado a partir da cidade de Bengasi por dissidentes do regime de Muammar Kadafi. Ainda em fevereiro, foi anunciada a formação de um Conselho Nacional de Transição (CNT), que se apresentava como o único representante legítimo do Estado líbio. Os rebeldes avançaram progressivamente e, ao fim de fevereiro, já haviam dominado, além de toda a região leste, diversas cidades do país, bem como bases aéreas e navais. Em 26 de fevereiro, foi aprovada a Resolução n. 1970 do Conselho de Segurança da ONU, que defende o fim das hostilidades e estabelece o congelamento dos bens, a proibição de viagens de membros do governo, além de um embargo à venda de armas para a Líbia. O conflito, porém, persistiu e, em meados de março, as forças leais a Kadafi já haviam conseguido repelir os rebeldes, retomando diversas cidades.

Sob a égide do princípio de "responsabilidade de proteger" e por pressão do CNT, da Liga Árabe e das potências ocidentais, foi aprovada, em 17 de março, com dez votos favoráveis e cinco abstenções, a Resolução n. 1973 do Conselho de Segurança da ONU, que estabelecia uma Zona de Exclusão Aérea sobre a Líbia. A partir de então, França, Estados Unidos, Reino Unido e Canadá iniciaram, paralelamente, operações de apoio aos rebeldes e de bombardeio à Líbia. Em seguida, tais operações foram concentradas em uma só, a *Unified Protector*, assumida pela Otan. Apesar das manifestações de diversos países (Brasil, Índia, África do Sul, Rússia, China, Turquia, Bolívia, Cuba e Venezuela) e da UA pelo fim dos ataques, eles foram mantidos. Com o apoio das potências ocidentais, os rebeldes líbios foram capazes de conter o avanço das forças de Kadafi e retomaram a vantagem no conflito. Após oito meses de ataques e bombardeios ao governo líbio, os rebeldes, graças ao apoio da Otan – pelo envio de forças especiais e armas e pelo recrutamento de mercenários de outros países –, conseguiram capturar e executar Kadafi. O CNT passou o poder para o órgão legislativo denominado *Congresso Geral Nacional*, em agosto de 2012, após a eleição de seus membros por voto popular. A situação na Líbia, contudo, segue instável, com forte competição pelo poder, inclusive entre diversos grupos armados.

(5.8) Considerações finais: entre o "renascimento" e a nova disputa pela África

As disputas ocorridas no continente africano nos últimos anos retomam e atualizam os antigos interesses imperialistas (minerais, estratégicos, capitalistas) e modificam seu panorama geopolítico. Como instrumentos, encontram-se, ainda, as características centrais do neocolonialismo: projeção militar, dependência financeira e dívida externa, dependência comercial, diversas formas de ajuda condicionadas ao "bom comportamento". Entretanto, ressaltamos que há um **potencial neocolonialista**, e não um neocolonialismo automatizado nas relações entre os países africanos e os países imperialistas. Entre os principais agentes que atuam na África, verificamos a manutenção dos interesses europeus, sobretudo franceses e ingleses, em disputa com atores que procuram aumentar sua presença no continente, entre os quais podemos citar Estados Unidos, China – que ocupa vazios deixados por outras potências, como a Rússia –, Índia e Brasil; estes dois últimos nos marcos da cooperação Sul-Sul.

O interesse no continente por parte dos Estados Unidos, após o fracasso da intervenção na Somália – finalizada em março de 1994 –, havia diminuído, mas foi renovado no fim da década de 1990, manifestando-se no encontro com ministros africanos ocorrido em Washington, em março de 1999. A estratégia estadunidense, segundo Abramovici (2004), está assentada em dois eixos: manter o acesso ilimitado a mercados importantes (de petróleo e minerais) e garantir a segurança nas vias de comunicação e transporte.

Nesse contexto, o programa estadunidense *African Crisis Response Initiative*, de meados da década de 1990, foi transformado em *African Contingency Operations Training Assistance*, programa de treinamento militar estendido a diversos países, em 2002. Desde então, os Estados Unidos vêm aumentando significativamente sua presença na África, com a justificativa da "luta contra o terrorismo". Nesse sentido, nos dias 23 e 24 de março de 2004, os chefes do Estado-maior de oito países africanos (Chade, Mali, Mauritânia, Marrocos, Níger, Senegal, Argélia e Tunísia) participaram, pela primeira vez, de uma discreta reunião na sede do comando europeu do Exército estadunidense, a *United States European Command* (US-Eucom), em Stuttgart (Alemanha). O acordo se referia ao

Sahel, localizado entre as zonas petrolíferas do norte do continente e as do Golfo da Guiné. Também significativa foi a participação indireta de Washington, em março de 2004, em uma operação militar realizada por quatro países do Sahel (Mali, Chade, Níger e Argélia) contra o Grupo Salafista para a Pregação e o Combate – GSPC (Abramovici, 2004). Em 2008, o governo estadunidense anunciou a criação do *African Command* (Africom), em um engajamento militar no continente.

Por outro lado, os países europeus, sobretudo França e Inglaterra, procuram manter suas posições neocoloniais na África, como é o caso da França, que detém diversas bases militares e uma forte presença econômica em suas antigas colônias. Nesse contexto, além dos acordos entre os países da Europa e a África (Cotonou, *Commonwealth*, Francofonia e Comunidade dos Países de Língua Portuguesa – CPLP), em 2000, ocorreu a primeira cúpula entre chefes de Estado dos dois continentes. Em 2007, aconteceu a segunda cúpula, cujo objetivo principal foi forçar os países africanos a assinar novos tratados comerciais antes de 31 de dezembro de 2007, em aplicação da Convenção de Cotonou (junho de 2000), que previa o fim dos Acordos de Lomé (1975), pelos quais vários produtos africanos ganharam privilégios alfandegários na União Europeia (UE). O acordo, que permitiria que os produtos europeus entrassem na África de forma privilegiada, não foi concluído e as negociações fracassaram após a recusa dos governos de Senegal, África do Sul e Namíbia.

Por outro lado, a China desponta como um dos maiores investidores na África. Para o governo chinês, a África representa não apenas uma fonte de matérias-primas e produtos, mas também um palco político importante, com 51 países mantendo relações diplomáticas com o gigante asiático. Essa parceria também rende dividendos políticos para o governo chinês: no caso de Tiannamen – também conhecido como *Massacre da Praça da Paz Celestial* –, em 1989, vários países africanos manifestaram apoio à China (Egito, Mauritânia, Gana, Togo, Gabão, Angola e Quênia), afirmando que era um problema interno e evitando o isolamento chinês. De 1990 a 1997, a China conseguiu evitar resoluções antichinesas na ONU com o apoio de países africanos – que representam mais de 50 votos. Na década de 1990, 10 dirigentes chineses de alto escalão realizaram cerca de 30 visitas à África, e os ministros das Relações Exteriores visitaram o continente no início de cada ano. A disputa por apoio diplomático e pelo reconhecimento entre a China continental e Taiwan foi aproveitada por muitos países para aumentar sua capacidade de barganha (Ming, 2004). Nesse sentido, em 2000, a China e os países africanos estabeleceram o *Forum on China-Africa Cooperation* (Focac) com encontros em Adis Abeba, em 2003, e em Pequim, em 2006, que reuniu o então presidente chinês Hu Jintao com chefes de Estado ou de governo de 48 países africanos (Oliveira, 2015a).

  O continente africano também é palco de interesse renovado da política externa brasileira. Durante o governo Lula, verificou-se a articulação entre um discurso interno de identidade afro-brasileira – por meio de políticas públicas – e relações privilegiadas com o continente africano, rompendo com a ideia de "parcerias seletivas" para se pensar a África de forma global. Dentro da formulação de uma nova política externa, o governo Lula procurou uma nova aproximação com a África. Também buscou estabelecer, no continente, parcerias nos campos comercial e político. Em seu mandato, o Presidente Lula realizou 34 visitas ao continente e promoveu intensas parcerias. Uma das parcerias estratégicas mais promissoras é a estabelecida com a África do Sul, não apenas para temas regionais, mas também mundiais, como o Ibas – fórum integrado também pela Índia –, o Conselho de Segurança da ONU e questões da paz e do desenvolvimento. Ambos (Brasil e África do Sul) são fortes candidatos a líderes de polos regionais em um sistema mundial multipolar.

Em síntese, verificamos um renovado interesse mundial no continente africano, que mantém e atualiza antigos interesses imperialistas, mas em outro contexto. O elemento novo é a **capacidade de resposta** que os governos africanos têm demonstrado nessa relação, na busca de autonomia e com a possibilidade de uso seletivo de investimentos externos. A nova democracia africana também tem produzido uma nova elite política, mais ousada em termos diplomáticos e em busca de autonomia para os projetos de desenvolvimento. Com a redução e a resolução de muitos conflitos – em comparação com a década de 1990 –, com o crescimento econômico e com o aumento dos interesses internacionais pelo continente, verificamos que a África entrou em uma nova fase que, ainda longe do "otimismo renascentista" apregoado, tem mostrado avanços concretos rumo à autonomia. Porém, contraditoriamente, os interesses neocolonialistas persistem e se rearticulam em um novo contexto de disputa pelo continente.

SÍNTESE

Neste capítulo, analisamos a formação da África contemporânea considerando as dificuldades enfrentadas pelo continente após os processos de independência, como o neocolonialismo e a instabilidade política interna. Também analisamos o papel do continente durante a Guerra Fria, para verificar o impacto sobre ele do fim do conflito latente nos anos 1990, com a marginalização e posterior reafirmação do continente. Por fim, problematizamos os novos interesses da África na última década e as possibilidades de autonomia do continente.

Questões para revisão

1) Conceitue *neocolonialismo* e descreva as condições econômicas da África após os movimentos de independência do continente.

2) Analise as consequências do fim da Guerra Fria para a África por meio dos conceitos de *marginalização*, *desestrategização* e *tribalização* dos conflitos.

3) Classifique as seguintes afirmações como verdadeiras (V) ou falsas (F):

    ( ) Os países da linha de frente tinham como objetivo eliminar os bastiões brancos da África Austral e lutar contra o regime do *apartheid* na África do Sul.

    ( ) Apesar de ter terminado com o regime do *apartheid* nos anos 1990, observa-se que a África do Sul continua politicamente isolada do continente africano e é considerada a expressão dos interesses geopolíticos das antigas potências colonizadoras.

    ( ) A manutenção de laços entre os países africanos e suas antigas metrópoles tomou diferentes formas, tendo destaque os esquemas desenvolvidos pela França no que ficou conhecido como *Françafrique*.

Luiz Dario Teixeira Ribeiro e André Luiz Reis da Silva

( ) A independência das colônias portuguesas na África Austral tomou proporções extranacionais com a participação intensa das duas superpotências e de atores regionais e extrarregionais, especialmente da África do Sul e de Cuba, no caso angolano.

( ) A Comunidade para o Desenvolvimento da África Austral (SADC), formada por países que condenavam os regimes racistas da região, especialmente o *apartheid* sul-africano, desenvolveu um embargo contra o regime de Pretória, que foi responsável pela libertação de Mandela em 1994.

4) Marque a opção que completa a frase corretamente:

Entre os países que tiveram governos controlados por minorias brancas no continente africano até o fim dos anos 1970, podemos citar a Rodésia do Sul, conhecida atualmente como _____.

( ) Botsuana
( ) Zimbábue
( ) Angola

5) Marque as opções que completam a frase corretamente:

As revoltas conhecidas como Primavera Árabe colaboraram para a derrubada dos governos da Tunísia, da _____ e do _____, no norte da África.

( ) Líbia – Egito
( ) Etiópia – Marrocos
( ) Argélia – Benin

Questões para reflexão

1) Em que fatos e processos se apoia a ideia de que a África, na última década, passa por um "renascimento" e um fortalecimento de sua autonomia?

2) Discuta a importância do continente africano para o Brasil, tanto do ponto de vista cultural como dos pontos de vista econômico e geopolítico.

Para saber mais

COELHO, P. M.; SARAIVA, J. F. S. (Org.). **Fórum Brasil-África**: política, cooperação e comércio. Brasília: Ibri, 2004.

Trata-se de uma coletânea de artigos sobre as relações Brasil-África, escritos por acadêmicos, políticos e diplomatas brasileiros e africanos. Os autores discutem a importância do relacionamento do Brasil com o continente, em especial do relançamento da cooperação.

ILIFFE, J. **Os africanos**: história de um continente. Lisboa: Terramar, 1999.

Esse livro trata da história de longa duração do continente africano, da diversificação e da ocupação territorial pela expansão das populações originais em face dos desafios sociais e ambientais.

SARAIVA, J. F. S. **África parceira do Brasil atlântico**: relações internacionais do Brasil e da África no início do século XXI. Belo Horizonte: Fino Traço, 2012. (Coleção Relações Internacionais, v. 1).

Esse livro enfoca as relações do Brasil com o continente africano. Aborda as relações diplomáticas históricas e as do tempo presente e examina as perspectivas da cooperação. O autor propõe o conceito de *atlanticismo brasileiro*, um modo próprio de construir relações com os africanos, diferente do que fizeram os colonizadores do passado.

PARA CONCLUIR...

Do Terceiro Mundo às novas modalidades de cooperação Sul-Sul

Como vimos ao longo desta obra, o fim da Guerra Fria trouxe importantes desafios para os países em desenvolvimento do Hemisfério Sul, desde o desengajamento das superpotências com relação aos conflitos e às tensões no Terceiro Mundo até as crises econômicas presenciadas na Ásia, na Rússia e na América Latina durante a década de 1990. Contudo, os movimentos sulistas tomaram um novo fôlego com a ascensão de novas lideranças, de países que experimentaram um crescente sucesso econômico e alteraram a relação de poderes no sistema internacional, como China, Brasil, Índia, África do Sul e Malásia. Os malásios buscaram conferir maior vigor ao Movimento dos Não Alinhados, retomando os ideais da Conferência de Bandung. A adesão da África do Sul ao movimento, após o fim do regime do *apartheid* – um dos principais alvos das críticas dos não alinhados –, representou um avanço para o grupo. Além disso, a cooperação Sul-Sul deixou de ser um ideal a se defender, passando a ser cada vez mais praticado no âmbito das estratégias nacionais de desenvolvimento. A estratégia sulista também tomou a forma de movimentos de integração regional, multiplicando-se as iniciativas nos três continentes (Alden; Morphet;Vieira, 2010).

O novo fôlego experimentado pelos movimentos sulistas foi, em larga medida, decorrente de um grupo de países comumente denominados *emergentes*. Esse grupo assumiu o controle desses movimentos e, embora em geral tenha mantido constantes os objetivos sulistas — como o respeito à soberania nacional, a promoção da paz, a reforma das Nações Unidas e a promoção de condições para o desenvolvimento do Sul —, desenvolveu uma forma própria de conduzir suas reivindicações. O período pós-1991, com o fim da União Soviética e da Guerra Fria, testemunhou a criação de grupos menores de países em desenvolvimento, que se colocavam como defensores dos objetivos e dos interesses do sul, lidando diretamente com os países desenvolvidos, em especial com o G-8[1], que passou a convidar para as suas reuniões países como África do Sul, Brasil, China, Índia e México (Alden; Morphet;Vieira, 2010).

O Ibas foi outra dessas iniciativas, criado em 2003, com a união dos chefes de Estado e dos ministros das Relações Exteriores de Índia, Brasil e África do Sul. Esse grupo tem interesses e objetivos similares aos dos grupos que mencionamos anteriormente, sendo seus membros partes de todos ou de quase todos os movimentos do sul. O Ibas surgiu em um contexto de criação de iniciativas

---

1. *Grupo de países desenvolvidos composto por Alemanha, Canadá, Estados Unidos, França, Itália, Japão, Reino Unido e Rússia.*

regionais de integração que buscam adaptar os ideais terceiro-mundistas às realidades regionais. Contudo, o grupo se diferencia dos demais ao unir três países de regiões diferentes, o que permite maior diálogo entre as regiões. Os três países têm um histórico de intensa participação no sistema internacional, além de terem desenvolvido um forte crescimento econômico nas últimas décadas, de forma a aumentar sua relevância no cenário internacional. Assim, eles se uniram buscando promover a cooperação Sul-Sul e defendendo uma reforma das instituições internacionais e melhores condições para os países em desenvolvimento. O Ibas apresenta uma iniciativa de apoio a projetos em outros países em desenvolvimento e é considerado um exemplo de cooperação Sul-Sul (Alden; Morphet; Vieira, 2010).

Em contrapartida, as transformações internacionais ocorridas com o fim do sistema bipolar da Guerra Fria e com a aceleração do processo de globalização acentuaram as tendências multipolares do sistema internacional, abrindo possibilidades para os grandes países periféricos ou "potências emergentes". Para ser considerado uma potência emergente, é essencial que o país apresente grande território e população, desenvolvimento econômico e projeção política regional e global. Crescentemente, verificamos que o Brasil vem praticando uma política externa condizente com essa posição, conquistando maior protagonismo internacional em termos tanto econômicos quanto diplomáticos.

Devemos ressaltar que, desde a década de 1990, acadêmicos e diplomatas já tratavam da necessidade de países como China, Brasil, Índia e Rússia se articularem para defenderem seus interesses. Esses países, embora pertençam a tradições culturais e políticas distintas, apresentam características em comum, como grande extensão territorial, grande população, potencial de crescimento e de desenvolvimento, bem como capacidade de segurança e defesa. Assim, o conceito de *Bric*, que havia sido criado no meio empresarial (Banco Goldman Sachs), em 2001, para designar os países que teriam grande crescimento nas próximas décadas, foi aproveitado por esses países e transformado em um fórum de articulação política.

Dessa forma, com os países conhecidos inicialmente como *Bric* (Brasil, Rússia, Índia e China), ocorreu a primeira reunião de cúpula do grupo, em junho de 2009, na cidade russa de Ecaterimburgo. A segunda reunião ocorreu em 2010, em Brasília. A terceira, em abril de 2011, ocorreu na cidade chinesa de Sanya e incorporou a África do Sul – daí o acréscimo do "S" à sigla (Brics). A quarta reunião ocorreu em 2012, em Nova Déli; a quinta, em Durban, na África do Sul, em 2013; e a sexta em Fortaleza, no Brasil, em 2014. A inclusão da África do Sul nesse grupo mostrou a orientação política a ser seguida. Além da defesa da multipolaridade – contra o unipolarismo do poder estadunidense –, a inclusão do país africano incentivou uma agenda voltada para os temas do desenvolvimento e da cooperação Sul-Sul.

Além das reuniões de cúpula que ocorrem periodicamente, o Brics também desenvolveu uma articulação horizontal, incluindo diferentes frentes de atuação em seu escopo. Na frente econômico-financeira, ocorrem reuniões frequentes entre ministros encarregados da área de finanças e presidentes dos Bancos Centrais. Na frente securitária, os altos funcionários responsáveis por temas de segurança do Brics igualmente têm se reunido. Ademais, as temáticas de agricultura, desenvolvimento, segurança alimentar e energia também já foram tratadas no âmbito do agrupamento, em nível ministerial.

Apesar da intensa agenda intergovernamental, o grupo Brics tem caráter informal, pois não tem um documento constitutivo, não funciona com um secretariado fixo e não tem fundos destinados a financiar suas atividades. O que sustenta o mecanismo, em última instância, é a vontade política de seus membros. Ainda assim, o Brics tem um grau de institucionalização que se vai aprofundando à medida que os cinco países intensificam sua interação.

Desse modo, passados mais de 60 anos do processo de descolonização do século XX, percebemos que ocorre um duplo movimento no anteriormente chamado *Terceiro Mundo*. Por um lado, a herança do passado colonial e da dependência ainda se faz presente em suas relações internacionais, marcando a desigualdade de desenvolvimento e de autonomia. Por outro, as transformações internacionais apontam para tendências de enfraquecimento das velhas potências coloniais e de emergência dos grandes países periféricos, inclusive da Ásia e da África. O potencial de irradiação do desenvolvimento e a capacidade de se realizar uma transição rumo a uma nova ordem mundial multipolar, por parte dos grandes países periféricos, constituem elementos centrais nas análises presentes e futuras. Nesse contexto, a forma como serão incorporados nesse processo os outros países periféricos – seja da Ásia, seja da África, seja da América Latina – será fundamental para a construção dessa nova ordem internacional.

REFERÊNCIAS

ABRAMOVICI, P. **Activisme militaire de Washington en Afrique**. Paris: Le Monde Diplomatique, 2004.

ALDEN, C.; MORPHET, S.; VIEIRA, M. A. **The South in World Politics**. New York: Palgrave Macmillan, 2010.

AMIN, S. **Classe e nação**: na história e na crise contemporânea. Lisboa: Moraes Editores, 1981.

_____. **O desenvolvimento desigual**: ensaio sobre as formações sociais do capitalismo periférico. Rio de Janeiro: Forense Universitária, 1976.

_____. **O futuro do maoísmo**. São Paulo: Vértice, 1986.

ARRIGHI, G. The African Crisis: World Systemic and Regional Aspects. **New Left Review**, n. 15, maio/jun., 2002. Disponível em: <http://newleftreview.org/II/15/giovanni-arrighi-the-african-crisis>. Acesso em: 4 maio 2015.

ARRIGHI, G.; AHMAD, I.; SHIH, M. As hegemonias ocidentais em perspectiva histórica mundial. In: ARRIGHI. G.; SILVER, B. (Org.). **Caos e governabilidade no moderno sistema mundial**. Rio de Janeiro: Contraponto; Ed. da UFRJ, 2001.

ARRIGHI, G.; SILVER, B. (Org.). **Caos e governabilidade no moderno sistema mundial**. Rio de Janeiro: Contraponto; Ed. da UFRJ, 2001.

BAHADUR, K. India-Pakistan Relations. In: CHOPRA, V. D. **India's Foreign Policy in the 21st Century**. Déli: Kalpaz Publications, 2006. p. 145-152.

BARRANZA, H. V. **África**: crisis del poder político. Dictaduras y procesos populares. México: Nova Imagem, 1981.

BERTAUX, P. **África**: desde la prehistoria hasta los Estados actuales. México: Siglo XXI, 1978.

BIANCO, L. **Asia contemporánea**. México: Siglo XXI, 1976.

BRUNSCHWIG, H. **A partilha da África**. Lisboa: Dom Quixote, 1972.

CABRAL FILHO, S. B. A China rumo ao século XXI: transformações do desenvolvimento. **Indicadores Econômicos FEE**, Porto Alegre, v. 23, n. 4, jan. 1996. Disponível em: <http://revistas.fee.tche.br/index.php/indicadores/article/view/1020/1330>. Acesso em: 4 maio 2015.

CANÊDO, L. B. **A descolonização da Ásia e da África**. São Paulo: Atual, 1986.

CARR, E. H. **El ocaso de la Comintern**. Madrid: Alianza Editorial, 1986.

_____. La conquista y organización del poder. In: _____. **La Revolución Bolchevique (1917-1923)**. 3. ed. Madrid: Alianza Editorial, 1977. v. 1.

CARRERAS, J. U. M. **África Subsahariana**: 1885-1990 del colonialismo a la descolonización. Madrid: Síntesis, 1993.

_____. **Introducción a la historia contemporánea**. Madrid: Istmo, 1985.

_____. **Introducción a la historia contemporánea II, el siglo XX**: desde 1917. Madrid: Istmo, 1995.

CASTRO, J. de. **Geografia da fome**. São Paulo: Brasiliense, 1965.

_____. **Geopolítica da fome**. Rio de Janeiro: Casa do Estudante do Brasil, 1951.

CHALIAND, G. **A luta pela África**: estratégia das grandes potências. São Paulo: Brasiliense, 1982.

_____. **Mitos revolucionários do Terceiro Mundo**. Rio de Janeiro: F. Alves, 1977.

CHENOY, A. M. India and Russia: Allies in the International Political System. In: STOBDAN, P. (Ed.). **India-Russia Strategic Partnership**: Common Perspectives. New Dehli: Institute for Defence Studies and Analyses, 2010. p. 131-148.

CHINA DAILY. **Full Text of Human Rights Record of US in 2013**. July 2014a. Disponível em: <http://www.chinadaily.com.cn/china/2014-02/28/content_17313734.htm>. Acesso em: 4 maio 2015.

_____.**Xi's South Korea Trip Hailed for Boosting Ties**. Feb. 2014b. Disponível em: <http://www.chinadaily.com.cn/world/2014xivisitskorea/2014-07/06/content_17650527.htm>. Acesso em: 4 maio 2015.

CLAPHAM, C. **Africa and the International System**: the Politics of State Survival. Cambridge: Cambridge University Press, 1996.

COELHO, P. M.; SARAIVA, J. F. S. (Org.). **Fórum Brasil-África**: política, cooperação e comércio. Brasília: Ibri, 2004.

COQUERY-VIDROVITCH, C.; MONIOT, H. **África Negra de 1800 a nuestros días**. Barcelona: Labor, n. 46, 1985. (Colección Nueva Clio).

DAVIDSON, B. **Os africanos**: uma introdução à sua história cultural. Lisboa: Edições 70, 1981.

DAVIS, M. **Holocaustos coloniais**. Rio de Janeiro: Record, 2002.

DEXIANG, J. Política externa da China para a Ásia-Pacífico. **Indicadores Econômicos FEE**, Porto Alegre, v. 23, n. 4, jan. 1996. Disponível em: <http://revistas.fee.tche.br/index.php/indicadores/article/view/1021/1331>. Acesso em: 5 maio 2015.

DI MASI, J. R. La República de Corea y su inserción en la región del Pacífico Asiático. In: SILBERT, J. (Org.). **La República de Corea hoy**: economía, sociedad, relaciones internacionales. Córdoba: Comunicarte, 1997.

DÖPCKE, W. A vida longa em linhas retas: cinco mitos sobre as fronteiras na África Negra. **Revista Brasileira de Política Internacional**, v. 42, n. 1, 1999. Disponível em: <http://www.scielo.br/scielo.php?script=sci_arttext&pid=S0034-73291999000100004&lng=en&nrm=iso>. Acesso em: 5 maio 2015.

_____. Uma nova política exterior depois do *apartheid*: reflexões sobre as relações regionais da África do Sul, 1974-1998. **Revista Brasileira de Política Internacional**, v. 41, n. 1, 1998. Disponível em: <http://www.scielo.br/scielo.php?script=sci_arttext&pid=S0034-73291998000100007&lng=en&nrm=iso>. Acesso em: 5 maio 2015.

DOSSIÊ BRASIL-ÁFRICA. **Revista da USP**, n. 18, jun./jul./ago. 1993. Disponível em: <http://www.usp.br/revistausp/18/SUMARIO-18.htm>. Acesso em: 5 maio 2015.

DREIFUSS, R. A. **A época das perplexidades**: mundialização, globalização e planetarização: novos desafios. Petrópolis: Vozes, 1996.

DUBEY, M. Reform of the UN System and India. In: SINHA, A.; MOHTA, M. **Indian Foreign Policy**: Challenges and Opportunities. New Delhi: Foreign Service Institute, 2007. p. 139-192.

FAIRBANK, J. K. **Una historia de China**: siglos XIX y XX. Madrid: Alianza Editorial, 1990.

FIORI, J. L. C. (Org.). **Estados e moedas no desenvolvimento das nações**. Petrópolis: Vozes, 1999.

FUNABASHI, Y. A asianização da Ásia. **Política Externa**, São Paulo, v. 2, n. 4, p.15-23, nov./dez. 1994.

GRANET, M. **Civilização chinesa**. Rio de Janeiro: Otto Pierre, 1979.

GUIMARÃES, S. P. **África do Sul**: visões brasileiras. Brasília: Instituto de Pesquisa de Relações Internacionais, 2000.

HAAS, M. **Japan's Military Rebirth**. Center for Security Studies (CSS). Disponível em: <http://www.css.ethz.ch/publications/pdfs/CSSAnalyse155-EN.pdf>. Acesso em: 5 maio 2015.

HUNTINGTON, S. **Choque das civilizações?** Política externa. São Paulo: Paz e Terra, 1994.

ILIFFE, J. **Os africanos**: história de um continente. Lisboa: Terramar, 1999.

JONGE, K. de. **África do Sul, apartheid e resistência**. São Paulo: Cortez, 1991.

KENNEDY, P. **Ascensão e queda das grandes potências**: transformação econômica e conflito militar de 1500 a 2000. Rio de Janeiro: Campus, 1989.

_____. **Preparando-se para o século XXI**. Rio de Janeiro: Campus, 1993.

KI-ZERBO, J. **História da África Negra**. Lisboa: Europa-América, 1991. v. 2.

LEÃO, R. P. F.; PINTO, E. A.; ACIOLY, L. da. (Org.). **A China na nova configuração global**: impactos políticos e econômicos. Brasília: Ipea, 2011.

LÊNIN, V. I. **O imperialismo, etapa superior do capitalismo.** Campinas: FE/Unicamp, 2011. Disponível em: <http://eventohistedbr.com.br/editora/wp-content/uploads/2011/07/lenin_imperialismo_navegando_ebook.pdf>. Acesso em: 26 jun. 2015.

LI, X. **China as a Trading Superpower.** Disponível em: <http://www.lse.ac.uk/ideas/publications/reports/pdf/sr012/li.pdf>. Acesso em: 5 maio 2015.

LINHARES, M. Y. **A luta contra a metrópole**: Ásia e África, 1945-1975. São Paulo: Brasiliense, 1981.

LOSURDO, D. **Stalin**: história crítica de uma lenda negra. Tradução de Jaime Classen. Rio de Janeiro: Revan, 2010.

LOVEJOY, P. **A escravidão na África**: uma história de suas transformações. Tradução de Regina Bhering e Luis Guilherme Chaves. Rio de Janeiro: Civilização Brasileira, 2002.

MALONE, D. M. **Does the Elephant Dance?** Contemporary Indian Foreign Policy. Oxford: Oxford University Press, 2011.

MANDEL, E. **A China antes e depois de Mao.** Lisboa: Edições Antídoto, 1977.

_____. **O capitalismo tardio.** São Paulo: Abril Cultural, 1982.

M'BOKOLO, E. **África Negra**: história e civilizações. Salvador: Ed. da UFBA; São Paulo: Casa das Áfricas, 2009.

_____. **África Negra**: história e civilizações – do século XIX aos nossos dias. Lisboa: Edições Colibri, 2004. Tomo II.

MELCHIONNA, H. H. **A questão nuclear da Coreia do Norte sob as perspectivas da China e dos Estados Unidos.** 98 f. Trabalho de Conclusão de Curso (Graduação em Relações Internacionais) – Universidade Federal do Rio Grande do Sul, Porto Alegre, 2011. Disponível em: <http://www.lume.ufrgs.br/bitstream/handle/10183/40259/000827654.pdf>. Acesso em: 5 maio 2015.

MENZEL, U. O novo centro de crescimento no Leste e no Sudeste da Ásia. **Indicadores Econômicos FEE**, Porto Alegre, v. 23, n. 4, jan. 1996. Disponível em: <http://revistas.fee.tche.br/index.php/indicadores/article/view/1017/1325>. Acesso em: 5 maio 2015.

MING, Z. H. A política chinesa na África. In: BELLUCCI, B. (Org.). **Abrindo os olhos para a China**. Rio de Janeiro: Educam, 2004. Disponível em: <http://biblioteca.clacso.edu.ar/Brasil/ceaa-ucam/20121123114130/abrindo.pdf>. Acesso em: 5 maio 2015.

MORRISON, W. M. **China-U.S. Trade Issues**. Congressional Research Service. 2015. Disponível em: <http://fas.org/sgp/crs/row/RL33536.pdf>. Acesso em: 5 maio 2015.

N'KRUMAH, K. **Neocolonialismo**: último estágio do imperialismo. Rio de Janeiro: Civilização Brasileira, 1967.

NEEDAN, J. **La gran titulación**: ciencia y sociedad en Oriente y Occidente. Madrid: Alianza Universidad, 1977.

OLIVER, R. **A experiência africana**: da Pré-História aos dias atuais. Rio de Janeiro: J. Zahar, 1994.

OLIVEIRA, A. P. de. A Coreia do Norte busca apoio no Nordeste Asiático. **Carta Internacional**, São Paulo, ano X, n. 116, p. 11, out. 2002.

_____. **A política africana da China**. Disponível em: <http://www.casadasafricas.org.br/wp/wp-content/uploads/2011/08/A-politica-africana-da-China.pdf>. Acesso em: 5 maio 2015a.

_____. A reorientação estratégica dos Estados Unidos para a Ásia-Pacífico. **Política Externa**. v. 21, n. 4, 2013. Disponível em: <http://www.ieei-unesp.com.br/portal/wp-content/uploads/2013/05/Politica-Externa-21-04-Amaury-Porto-Oliveira.pdf>. Acesso em: 5 maio 2015.

_____. **Índia**: estratégia e política externa. Disponível em: <https://www.google.com/url?q=https://www.ufmg.br/cei/wp-content/uploads/india_estrategia_e_politica_externa_amaury_banhos_porto_de_oliveira.doc&sa=U&ei=4W1JVZK-Beq1sAS95ICIAw&ved=0CAQQFjAA&client=internal-uds-cse&usg=AFQjCNFyr49eSTan7HO6dwlhk8sMXRLwnQ>. Acesso em: 5 maio 2015b.

OLIVEIRA, H. A. A China mantém-se estável no pós-Deng Xiaoping. **Carta Internacional**, São Paulo, n. 49, mar. 1997.

OVIEDO, E. La Península de Corea y el equilibrio de poderes en el Nordeste Asiático. In: SILBERT, J. (Org.). **La República de Corea hoy**: economía, sociedad, relaciones internacionales. Córdoba: Comunicarte, 1997.

PANIKKAR, K. M. **A dominação ocidental na Ásia**: do século XV aos nossos dias. Rio de Janeiro: Paz e Terra, 1977.

PANT, H. V. **Contemporary Debates in Indian Foreign and Security Policy**: India Negotiates Its Rise in the International System. New York: Palgrave Macmillan, 2008.

PAUL, T. V. India: Strategy and Foreign Policy in a Changing World. In: ITAMARATY. **Conferência Nacional de Política Externa e Política Internacional**, 3., 2008, Índia. p. 159-170.

PAZ, G. La política exterior de Corea del Sur en un entorno internacional de transición. In: SILBERT, J. (Org.). **La República de Corea hoy**: economía, sociedad, relaciones internacionales. Córdoba: Comunic-arte, 1997.

PERES, L. de A. A elite política japonesa e a definição de uma estratégia nacional: as limitações da doutrina Yoshida. In: Seminário Nacional Sociologia & Política, 1., 2009, Curitiba. **Anais**... Curitiba: UFPR, 2009. Disponível em: <http://www.humanas.ufpr.br/site/evento/SociologiaPolitica/GTs-ONLINE/GT2/EixoI/elite_politica_japonesa_LorenzoPeres.pdf>. Acesso em: 5 maio 2015.

PINTO, P. P. **A China e o Sudeste Asiático**. Porto Alegre: Ed. da UFRGS, 2000.

PISCHEL, E. C. A vitória da revolução. In:____. **História da Revolução Chinesa**. Lisboa: Publicações Europa-América, 1976. cap. 3. (Coleção Saber, v. 106).

RIBEIRO, L. D. T. **Capítulos sobre a história do século XX**. Tese (Doutorado em História) – Universidade Federal do Rio Grande do Sul, Porto Alegre, 2013.

____. Descolonização da Ásia e da África. **Ciências & Letras**, Porto Alegre, n. 33, p. 53-86, jan./jul. 2003.

RODNEY, W. **Como a Europa subdesenvolveu a África**. Lisboa: Seara Nova, 1975.

RODRIGUES, J. C. **Pequena história da África Negra**. São Paulo: Globo, 1990.

SANTAYANA, M. **Dossiê da Guerra do Saara**. 2. ed. Rio de Janeiro: Paz e Terra, 1987.

SANTIAGO, T. (Org.). **Descolonização**. Rio de Janeiro: F. Alves, 1977.

SARAIVA, J. F. S. A África e o Brasil: encontros e encruzilhadas. **Ciências & Letras**, Porto Alegre, n. 21-22, p. 115-172, nov. 1998.

SARAIVA, J. F. S. **A formação da África contemporânea**. São Paulo: Atual, 1987.

SARAIVA, J. F. S. **África parceira do Brasil atlântico**: relações internacionais do Brasil e da África no início do século XXI. Belo Horizonte: Fino Traço, 2012. (Coleção Relações Internacionais, v. 1). Disponível em: <https://pebrasil.files.wordpress.com/2012/02/africa_parceira_brasil_1-24-2.pdf>. Acesso em: 5 maio 2015.

_____. Cooperação e integração no continente africano: dos sonhos panafricanistas às frustrações do momento. **Revista Brasileira de Política Internacional**, Brasília, v. 36, n. 2, p. 28-45, 1993.

SCALAPINO, R. Dinamismo econômico e fragilidade política no Nordeste da Ásia: previsões para o século XXI. **Contexto Internacional**, Rio de Janeiro, v. 18, n. 1, jan./jun. 1996.

SILBERT, J. (Org.). **La República de Corea hoy**: economía, sociedad, relaciones internacionales. Córdoba: Comunicarte, 1997.

SILVA, A. L. R. da. A Ásia Oriental no sistema mundial: a longa marcha na construção de uma ordem multipolar. **Ciências & Letras**, Porto Alegre, n. 33, p. 119-138, jan./jul. 2003.

_____. Os dilemas da África contemporânea: a persistência do neocolonialismo e os desafios da autonomia, segurança e desenvolvimento (1960-2008). **Ciências & Letras**, Porto Alegre, v. 44, p. 125-149, jul./dez. 2008. Disponível em: <http://www4.fapa.com.br/cienciaseletras/pdf/revista44/artigo7.pdf>. Acesso em: 6 maio 2015.

_____. Os Estados africanos nos séculos XVI-XVIII: desenvolvimento desigual na África Ocidental. In: MACEDO, J. R. (Org.). **Desvendando a história da África**. 1. ed. Porto Alegre: Ed. da UFRGS, 2008. p. 97-110.

SPENCE, J. D. **Em busca da China moderna**: quatro séculos de história. São Paulo: Cia. das Letras, 1995.

STARUCHENKO, G. **A opção africana**. Lisboa: Estampa, 1977.

SUH, M. B. M. **A Tale of Two Koreas**: Breaking the Vicious Circle. Disponível em: <http://www.isodarco.it/courses/andalo14/doc/suh_A-Tale-of-Two-Koreas.pdf>. Acesso em: 5 maio 2015.

THE ECONOMIST. **Sacred Cows, Rice and the Rest of Them**. Oct. 2013. Disponível em: <http://www.economist.com/blogs/banyan/2013/10/japan-and-trans-pacific-partnership>. Acesso em: 5 maio 2015.

TORRES, A. **Horizontes do desenvolvimento africano**: no limiar do século XXI. Lisboa: Vega, 1998.

UNESCO – Organização das Nações Unidas para a Educação, a Ciência e a Cultura. **História geral da África**. Brasília: Unesco, 2010. 8 v. Disponível em: <http://www.unesco.org/new/pt/brasilia/about-this-office/single-view/news/general_history_of_africa_collection_in_portuguese-1/#.VZV3gLeD7cs>. Acesso em: 15 jun. 2015.

VIEIRA, M. B. B.; SPOHR, A. No rastro do elefante: a inserção indiana na África. **Conjuntura Austral**, Porto Alegre, v. 2, n. 5, 2011. Disponível em: <http://seer.ufrgs.br/ConjunturaAustral/article/view/19409/11651>. Acesso em: 5 maio 2015.

VIZENTINI, P. F. A. Ascensão da Ásia Oriental e sua projeção internacional: novas dimensões do desenvolvimento e segurança. **Ciências & Letras**, Porto Alegre, n. 19, p. 109-138, ago. 1997.

_____. África: relações internacionais e construção do Estado-nação. **Ciências & Letras**, Porto Alegre, n. 33, p. 89-117, jan./jul. 2003.

_____. **Dez anos que abalaram o século XX**: a política internacional de 1989-1999. Porto Alegre: Novo Século, 1999.

VIZENTINI, P. F. A.; RODRIGUES, G. **O Dragão Chinês e os Tigres Asiáticos**. Porto Alegre: Novo Século, 2000.

VIZENTINI, P. F. A. et al. **Brics**: as potências emergentes. 1. ed. Petrópolis: Vozes, 2013.

WESSELING, H. L. **Dividir para dominar**: a partilha da África (1880-1914). Rio de Janeiro: Ed. da UFRJ; Revan, 1998.

RESPOSTAS

Capítulo 1

Questões para revisão

1. Essa conferência internacional foi realizada em Berlim, entre novembro de 1884 e fevereiro de 1885. Seus objetivos explícitos eram o estabelecimento de regras para a liberdade comercial e a atuação humanitária no continente africano. Na conferência, foram estabelecidas regras para a liberdade de comércio e a igualdade de condições para os capitais concorrentes. Na prática, colaborou para a divisão e a partilha da África sob a lógica das "esferas de influência".

2. As Guerras do Ópio se iniciaram com a reação inglesa à repressão do comércio de ópio, abrindo mercados, economia e sociedade chineses inicialmente para a Inglaterra, mas alcançando também França, Bélgica e Alemanha durante o século XIX. Nesses conflitos, o Império Chinês mostrou-se, pela primeira vez, inferiorizado em relação às forças militares ocidentais, resultado da superioridade do desenvolvimento industrial da Europa Ocidental em relação ao estágio de desenvolvimento chinês.

3. V, V, F, F, V.

4. Africano.

5. Inglaterra.

Capítulo 2

Questões para revisão

1. A independência das colônias americanas; a resistência à imposição da realidade colonial; o movimento indiano do Partido do Congresso; o movimento de renascimento e reforma do Islã; a evolução das colônias de povoamento britânicas para a condição de domínios; a revolução que derrubou o Império Chinês e proclamou a república na China.

2. De importância fundamental para a descolonização foram a vitória da Revolução Socialista na China, em 1949, e a implementação da República Popular sob a direção do PCCh, o que acelerou a descolonização asiática e apoiou nacionalistas e socialistas. Sua defecção do bloco capitalista provocou uma reação dos Estados Unidos com relação aos países colonizados: por um lado, com apoio a autogovernos nos quais a segurança estratégica não estivesse em jogo; por outro, com a aniquilação forças revolucionárias e a independência controlada pelos conservadores locais nos países onde uma "burguesia nativa confiável" fosse inexistente. Além disso, formou-se uma área dos recém-descolonizados países asiáticos que contava com a maioria da população mundial e imensas reservas minerais. Os países dessa região estariam em posição frágil enquanto persistisse o colonialismo e avançasse o neocolonialismo. Por isso, convocaram uma reunião dos países descolonizados que daria origem ao Terceiro Mundo.

3. F, F, V, F, V.
4. Japão.
5. Holandês – francês.

Capítulo 3

Questões para revisão

1. Embora o auge da descolonização da África tenha acontecido no início da década de 1960, as reivindicações pacíficas ou violentas pela independência iniciaram-se no imediato pós-guerra. Elas se aprofundaram e se radicalizaram com as tentativas metropolitanas de criar mecanismos de autonomização lenta e controlada, que

favoreciam as forças internas arcaicas e a manutenção da subordinação colonial. Foi o caso dos pragmáticos *self-governments* britânicos e da União Francesa, bem como da criação das áreas da libra esterlina e do franco. No entanto, a dinâmica interna das colônias e a situação internacional "atropelaram" os projetos gradualistas.

2. O Império Colonial Francês – um dos maiores – agrupou suas diferentes áreas em blocos com sede regional e unidade administrativa. Estes eram pouco integrados econômica e politicamente entre si, pois a economia estava voltada para a metrópole em razão da artificialidade política dos territórios coloniais e da incapacidade de se criar uma nova identidade. Esses blocos regionais, que atendiam às necessidades administrativas e de controle, bem como à exiguidade de recursos para as colônias de exploração, não suportaram as contradições e as demandas da descolonização política. Foram desintegrados, provocando a balcanização do continente.

Já o Império Português, dada a dispersão de suas colônias, não criou unidades do tipo mencionado e manteve cada colônia subordinada diretamente à metrópole. O Império Belga, constituído pelo Congo e pelas ex-colônias alemãs de Ruanda e Burundi, apresentava continuidade geográfica e era unificado. Por outro lado, o pragmático Império Britânico, com colônias dispersas na África Ocidental e agrupadas na Oriental, apresentava variados mecanismos de dominação.

As variações administrativas dos impérios coloniais, a inserção das colônias na economia mundial e a existência ou não de colonos e de interesses específicos no local determinaram a variedade de modelos de descolonização. Estes abarcaram da pura e simples retirada até a guerra de libertação.

3. F, V, V, F, V.
4. Tutsis – Bélgica.
5. Britânico – Francês.

Capítulo 4

Questões para revisão

1. O modelo de desenvolvimento japonês provocou uma relação de interdependência com os outros aliados capitalistas dos Estados Unidos na Ásia – Coreia do Sul, Singapura, Hong Kong, Filipinas e Tailândia –, com a constituição de uma zona de interesses comuns. A partir da década de 1970, uma nova geografia econômica se configurou, com a articulação da economia japonesa com os novos países industriais (NPIs), ou os quatro Tigres Asiáticos – Taiwan, Coreia do Sul, Hong Kong e Singapura –, por meio de uma divisão internacional do trabalho. A indústria japonesa se deslocou para setores de tecnologia mais avançada, repassando as de tecnologia obsoleta para os outros países. O Japão procurou, assim, manter a liderança econômica nessa divisão regional do trabalho. Desse modo, sob o guarda-chuva nuclear estadunidense e livre de preocupações estratégico-militares, o Japão pôde se transformar em uma das maiores potências econômicas do planeta, articulando em torno de si diversas economias.

2. Desde a Guerra da Coreia, a Coreia do Sul teve como aliados os Estados Unidos e o Japão; já a Coreia do Norte teve a China e a União Soviética. Porém, a partir do fim da Guerra Fria, verificaram-se algumas mudanças nessas relações com a aproximação entre China e Coreia do Sul. O próprio Japão, antigo aliado da Coreia do Sul, passou a concorrer economicamente com esse país. O desenvolvimento da Coreia do Sul, sua crescente vinculação com a economia chinesa e a possibilidade de unificação da península são aspectos vistos com receio por parte do Japão e dos Estados Unidos. A reunificação da Península Coreana pode criar uma potência regional, com potencial econômico-militar e capacidade de desestabilizar politicamente a região. Assim, a possibilidade de reunificação das Coreias e o aprofundamento das relações regionais são as principais questões que envolvem tanto as relações entre os países asiáticos quanto os que têm interesses e influência na região, como os Estados Unidos e a Rússia. O Japão e a China temem o aumento expressivo do poder de uma Coreia unificada e seu potencial no que se refere tanto ao reordenamento do equilíbrio

regional quanto à desestabilização política. Apenas assim podemos entender por que o Japão tem apresentado uma postura defensiva em relação ao crescimento econômico e à projeção regional da Coreia do Sul, da mesma forma como vê com receio a aproximação da China com esse país. Por seu lado, a China também teme os desdobramentos de uma possível unificação, se ela significar um aumento da influência estadunidense no continente.

3. F, F, V, F, V.
4. Japão.
5. Paquistão.

Capítulo 5

Questões para revisão

1. O neocolonialismo se caracterizou por uma relação de dependência e pela manutenção da exploração por parte dos países desenvolvidos, condição a que a maioria das ex-colônias se submeteu por meio de tratados e acordos bilaterais com a antiga metrópole colonial ou com os Estados Unidos. Mantiveram-se as atividades econômicas do período colonial. Em 1990, dois terços dos 450 milhões de africanos continuavam a viver da terra, o que combinava produção para subsistência e superexploração capitalista.

2. O fim da Guerra Fria não trouxe a solução para os conflitos e os problemas africanos, pois representou a perda da importância estratégica e da capacidade de barganha da África. Assim, o continente passou a sofrer os efeitos da marginalização e da desestrategização por parte das grandes potências, que reduziram a cooperação e a ajuda. Retirados os esteios garantidores de algum equilíbrio regional, desencadearam-se conflitos violentos, em grande parte tribalizados, carregados de forte conteúdo étnico, com armas menos modernas e financiamentos privados (senhores das drogas, velhas elites oligárquicas e empresas multinacionais) e governamentais, nacionais e estrangeiros.

3. V, F, V, V, F.
4. Zimbábue.
5. Líbia – Egito.

SOBRE OS AUTORES

Luiz Dario Teixeira Ribeiro
Doutor em História pela Universidade Federal do Rio Grande do Sul (UFRGS) e graduado em História pela Universidade Federal de Santa Maria (UFSM). Professor associado de História Contemporânea Africana e Asiática da UFRGS. Coordenador do curso de História da UFRGS. Entre seus principais temas de pesquisa estão: África e Ásia contemporâneas, imperialismo, colonialismo e história contemporânea.

André Luiz Reis da Silva
Doutor em Ciência Política, mestre e graduado em História pela Universidade Federal do Rio Grande do Sul (UFRGS). Pós-doutor em Relações Internacionais pela School of Oriental and African Studies (Soas) da Universidade de Londres, Inglaterra. Professor adjunto de Relações Internacionais e coordenador do Programa de Pós-Graduação em Estudos Estratégicos Internacionais da UFRGS. Pesquisa temas de relações internacionais com foco nos países em desenvolvimento.

Impressão:
Novembro/2015